La vague noire en Israël

*L'ultra-religiosité
menace-t-elle l'État hébreu ?*

« **Diplomatie et stratégie** »
Collection dirigée par Emmanuel Caulier

Dernières parutions

Naim Abdul ASAS, *Analyse de la représentation afghane*, 2012.
Medhi LAZAR, *Délocalisation des campus universitaires et globalisation de l'enseignement supérieur. Le cas du Qatar*, 2012.
Alexandre HENRY, *La privatisation de la sécurité. Logiques d'intrusion des sociétés militaires privées*, 2011.
Fazil ZEYLANOV, *Le conflit du Haut-Karabakh, une paix juste ou une guerre inévitable : une approche historique, géopolitique et juridique*, 2011.
Philippe DEPRÉDURAND, *L'Union européenne et la mer, ou les limbes d'une puissance maritime*, 2011.
Marie-Charlotte BURNET, Sarah Dubreil, Anaïs Mirval, Laura Pajot Moricheau, *La Gestion des fleuves dans la stratégie d'expansion régionale de la Chine*, 2011.
Valériane ÉTÉ, Clémentine LEPAIS et Samantha VACHEZ, *Géopolitique des technologies de l'information et de la communication au Moyen-Orient. Entre compétitivité étatique et stratégie de contrôle*, 2011.
Cristina AGUIAR et Khamliènhe NHOUYVANISVONG (ambas-sadeurs), *Guide pratique de la négociation internationale*, 2010.
D'ABOVILLE (Robert), *Investissements pétroliers chinois en Afrique*, 2010,
MIGNOT (Bruno), *Il était une fois des militaires. Chronique d'une mutation en cours*, 2009.
LODDO (Jean-François), *Le Nouvel Ordre du puzzle des Balkans*, 2009.
MALLATRAIT (Clémence), en collaboration avec Thomas Meszaros, *La France, puissance inattendue au XXIe siècle dans le Pacifique Sud*, 2009.
DEREUMAUX (René-Maurice), *L'Organisation internationale de la francophonie. L'institution internationale du XXIe siècle*, 2008.

Arnaud Mailhos, Nicolas Meunier, Juliette Simonin

La vague noire en Israël

L'ultra-religiosité menace-t-elle l'État hébreu ?

Préface de Frédéric Encel

© L'Harmattan, 2012
5-7, rue de l'Ecole-Polytechnique, 75005 Paris

http://www.librairieharmattan.com
diffusion.harmattan@wanadoo.fr
harmattan1@wanadoo.fr

ISBN : 978-2-336-00375-7
EAN : 9782336003757

Sommaire

PARTIE 1. L'ULTRA-ORTHODOXIE JUIVE, UNE FRACTURE AU
SEIN DE LA SOCIÉTÉ ISRAÉLIENNE   15

Chapitre 1. L'ultra-orthodoxie juive, complexe et
fragmentée   17
Chapitre 2. Essai de typologie des principaux courants
de l'ultra-orthodoxie   25
Chapitre 3. Une composante importante de la société
israélienne contemporaine   39

PARTIE 2. L'INFLUENCE DU PHÉNOMÈNE ULTRA-ORTHODOXE
DANS LA POLITIQUE INTÉRIEURE ISRAÉLIENNE NE CESSE DE
CROÎTRE   45

Chapitre 4. Les partis politiques ultra-orthodoxes, des
partenaires indispensables des coalitions
parlementaires   47
Chapitre 5. Des tensions croissantes entre *haredim* et
laïques   61
Chapitre 6. Les *haredim*, un péril pour la cohésion de
l'Etat d'Israël ?   69

PARTIE 3. LES HAREDIM, UNE MENACE POUR LA POLITIQUE
EXTÉRIEURE ?   77

Chapitre 7. Quelles relations entre les diasporas et le
phénomène ultra-orthodoxe ?   79
Chapitre 8. Les relations de voisinage d'Israël : l'influence
des *haredim* en politique extérieure   89
Chapitre 9. L'avenir des *haredim*, représentation et
projection   97

Préface

Observé sous tous les angles depuis des décennies par l'ensemble des médias généralistes et un nombre incalculable de chercheurs de diverses disciplines, le conflit israélo-palestinien masque trop souvent l'un des clivages les plus passionnants du Proche-Orient : celui qui oppose en Israël même – de plus en plus frontalement – les Juifs ultra orthodoxes (ou *haredim*, craignant-Dieu, dits aussi "hommes en noir") à leurs coreligionnaires laïcs, traditionalistes ou sionistes-religieux.

Ce problème, sans cesse plus actuel, les trois auteurs de cet ouvrage s'y sont attelés avec courage et intelligence. Leur travail est le bienvenu car, rarement violentes encore (même si l'assassin de Itshak Rabin en 1995 avait étudié dans des milieux ultra-orthodoxes), les querelles intra-juives israéliennes demeurent cruciales pour la compréhension non seulement de l'évolution de la société israélienne, mais aussi à certains égards de la politique de l'Etat hébreu à l'extérieur.

En effet, au parlement (Knesset), une seule voix peut parfois faire ou défaire telle coalition gouvernementale, forcément fragile et composite du fait du mode de scrutin proportionnel intégral à un tour sur une circonscription unique.

Ainsi, du rapport de force intra-israélien et sur des questions sociales et/ou culturelles internes a priori fort éloignées des problèmes stratégiques et diplomatiques, on arrive à des avancées ou des blocages sur le volet des rapports israélo-palestiniens et, par ricochet, des rapports d'Israël avec son environnement géopolitique global, Etats-Unis compris.

En 1977, n'est-ce pas pour un banal problème d'horaire d'entrée en shabbat que chuta le gouvernement travailliste de Yitshak Rabin par la volonté de l'ensemble des partis religieux (y compris donc ultra-orthodoxes), lequel parti entraîna toute la gauche dans une traversée du désert de presque quinze années cruciales, première Intifada comprise ?

En 1989, à une voix (ultra-orthodoxe) près à la Knesset, Israël ne faillit-il mettre en péril ses relations privilégiées avec la puissante communauté juive américaine à cause d'une loi, Mi Yehoudi ? (qui est juif?), qui aurait retranché l'ensemble des Juifs libéraux et conservateurs outre atlantique et, partant, coûté l'essentiel du précieux soutien juif américain à l'Etat hébreu ?

Le vote ultra-orthodoxe ne pesa-t-il pas d'un poids déterminant lors du scrutin dramatique de mai 1996, à l'issue duquel Shimon Péres échoua de quelques milliers de suffrages seulement face à son rival nationaliste Benyamin Netanyahou, défaite qui contribuerait à l'effondrement du processus d'Oslo ? Et comment comprendre que le monde ultra-orthodoxe rejette toujours massivement l'enrôlement au sein de Tsahal ?

Mais l'on pourrait aisément additionner les questionnements, du sort de la souveraineté sur le plateau stratégique du Golan à celui de Gaza évacuée ou de Jérusalem-Est en passant par la douloureuse question de l'intégration des Juifs russes et éthiopiens, dont la judéité est souvent mise en doute par les autorités rabbiniques ultra-orthodoxes.

Opposition à l'idée moderne d'Etat-nation ; refus de l'intégration – même *a minima* – au sein de Tsahal ; indifférence méprisante aux espaces et aux temps mémoriels nationaux liés à la Shoah ; réclusion volontaire dans des zones urbaines largement retranchées de la communauté nationale ; assistanat (et donc paupérisation) systématisé du fait de l'étude des Textes à outrance ; hostilité radicale à leurs compatriotes arabes comme à leurs coreligionnaires laïcs...

Décidément, les *haredim* constituent une communauté d'autant plus problématique pour l'avenir d'Israël que le taux de fécondité y atteint les records mondiaux, soit plus de 7 enfants par femme (contre 2 par femme juive, 3,5 par femme arabe).

Avec un tel taux – et une déperdition très faible du fait du retranchement hors de la cité – la population double tous les vingt ans. En 2012, les « hommes en noir » sont déjà environ 500 000, soit presque 9% de la population juive d'Israël, et presque 30% de la population globale de Jérusalem...

Le grand mérite d'Arnaud Mailhos, Nicolas Meunier et Juliette Simonin est d'avoir prêté intérêt à cette question complexe – l'ultra-religiosité menace-t-elle Israël ? – et d'y avoir tenté d'y répondre avec sérieux et objectivité. Ils ont hélas de ce point de vue peu de prédécesseurs...

Frédéric Encel[1]

---

1. Docteur en géopolitique de l'Université Paris VIII (sa thèse portait sur Jérusalem), Frédéric Encel est maître de conférences en Questions internationales à Sciences-Po Paris et professeur à l'ESG Management School. Il a consacré plusieurs ouvrages et de nombreux articles à Israël et au Proche-Orient (dont Atlas géopolitique d'Israël, Autrement, 2012), et son habilitation à diriger des recherches (HDR) portait sur le rapport des ultra-orthodoxes à la nation israélienne. Il est en outre chroniqueur géopolitique sur France Inter.

Notes et avertissements

Nous souhaitons ici clarifier les choix de rédaction que nous avons été amenés à faire dans le corps de ce travail.

(1) En ce qui concerne la présence ou non d'une majuscule au mot "Juif", chaque auteur, ou presque, a sa propre règle. Le *Trésor de la langue française* rappelle avec profit l'usage en vigueur : "On trouve le subst. *juif* écrit avec ou sans majuscule. Dans le premier cas, le terme semble exprimer plutôt l'appartenance à un groupe ethnique ; dans le second l'appartenance à une communauté religieuse. L'usage de la majuscule tend, cependant, à se généraliser."
Au risque de perdre une distinction sémantique intéressante, nous avons choisi de suivre la pratique qui semble la plus répandue de nos jours et d'utiliser la majuscule dans tous les cas.

(2) Les mots directement tirés d'une langue étrangère (ici, principalement l'hébreu), sont imprimés en caractères italiques. Aucune règle de la grammaire française ne leur est appliquée, comme le veulent les conventions. Nous avons pu parfois suivre des règles de la langue d'origine, comme dans le pluriel *yeshivot* ou l'adjectif *haredi*, par exemple. Nous avons adopté l'orthographe ou la transcription qui nous semblait la plus répandue.

(3) Lors de la première occurence d'un terme qui, du fait de son origine ou de son utilisation spécialisée, est susceptible de ne pas être connu de tous, nous donnerons sa définition dans le texte ou dans une note de bas de page. Pour les occurences suivantes, on se reportera au glossaire qui se trouve à la fin de cet ouvrage.

La société israélienne au risque de l'ultra-orthodoxie [2]

La question des communautés ultra-orthodoxes en Israël est au centre de problématiques qui ne se limitent pas à l'interaction politique-religieux dans la sphère publique, ni même à la place de la religion juive dans la société israélienne. Il semble très important de commencer le présent travail par cette constatation, afin d'éviter toute simplification dans le traitement que nous ferons de cette question.

En effet, nous ne pensons pas que l'on puisse approcher le phénomène de l'ultra-orthodoxie juive simplement comme un mouvement intégriste parmi d'autres, comparable à tous ceux qui agitent certaines sociétés dans le monde. Les *haredim* juifs sont des "Craignant-Dieu", comme ils se nomment eux-mêmes, (c'est le sens du mot *haredi*, qui veut littéralement dire "celui qui tremble").

Vivant l'intégralité de la loi mosaïque, la loi donnée par Dieu au peuple juif par l'intermédiaire de Moïse, ils *tremblent* de briser le plus petit des 613 commandements qu'elle contient. Les *haredim* présentent bien entendu de nombreux traits communs avec les ultra-orthodoxes des autres religions ; pourtant leur position dans la société israélienne, qu'ils soient eux-mêmes israéliens ou membres de la diaspora, résulte en grande partie de facteurs propres à l'identité juive, à la religion judaïque et à l'Etat d'Israël.

Aussi ne pouvons-nous commencer ce travail sans considérer d'abord, même sommairement, le peuple juif et l'Etat d'Israël.

---

2. Introduction par Arnaud Mailhos

Comme le dit avec finesse Raymond Aron : "Si peuple juif il y a, il n'existe pas d'autre peuple du même type que lui."[3]. L'intrication subtile mais indéracinable de la culture, de la religion, de l'appartenance à un peuple, donne aux questions de société en Israël une complexité rare. Cela suffit à donner une autre portée à ce qui pourrait n'être, dans toute autre société, qu'un sursaut de fièvre religieuse.

Mais que l'on considère à présent les relations des Juifs à la terre d'Israël, non seulement dans l'histoire, mais également dans les *représentations* collectives qui décrivent et modifient ces rapports, et il devient évident qu'elles ont considérablement influé sur le projet sioniste et l'avènement de l'Etat d'Israël. C'est à partir de la notion de peuple juif que Théodore Herzl développa son projet sioniste, s'éloignant de la vision des Juifs émancipés, dont il faisait pourtant partie, qui ne voyaient dans l'appartenance juive qu'un fait religieux.

> "Je considère la question juive comme n'étant ni religieuse ni sociale, mais bien nationale. [...] Nous sommes un peuple, un peuple un. C'est dans notre détresse que nous nous assemblons et que, soudain, nous découvrons notre force de créer un Etat, un véritable Etat-modèle. Nous disposons de tous les moyens matériels et humains nécessaires à cette tâche."[4]

Il n'est ainsi pas possible d'ignorer dans l'introduction à ce travail les liens complexes, inextricables, entre peuple juif, religion, sionisme et terre d'Israël. Combien plus vrai encore dans le cas de cette partie du peuple juif qui vit en Israël. C'est entrer là dans toute la complexité de l'Etat d'Israël, qui cherche depuis plus d'un demi-siècle une harmonie entre laïcité et religion, identitée juive et nationalité israélienne.

Comme le dit avec beaucoup de justesse Ran Halévi :

> "Le Juif d'Israël associe donc deux figures d'identité complémentaires – l'une politique, l'autre non politique. Il appartient à un peuple qui n'est pas défini par la citoyenneté et à une nation qui n'est pas caractérisée par la seule religion."[41]

---

3. Raymon Aron, *Mémoires*, Julliard, 1983, p. 505, cité par Ran Halévi[41]
4. Herzl, Théodore, *L'Etat des juifs*, pp. 23 et 42, cité par Bensimon, Doris, *Religion et Etat en Israël*, pp. 41-42

Aussi nous semble-t-il nécessaire de nous pencher sur ce qui fait la cohésion de l'Etat d'Israël, faute de quoi nous ne pourrons appréhender qu'en surface les tensions qui traversent la société israélienne.

Shlomo Sand, dans son ouvrage très controversé *Comment le peuple juif fut inventé,* n'hésite pas à remettre en cause la construction sioniste de l'identité d'Israël. Il ne nous appartient pas de juger du bien-fondé de ses arguments, auxquels ont réagi nombre de chercheurs et de spécialistes du judaïsme et d'Israël [6]. Toutefois, il est intéressant de noter que la thèse de Sand, qui se définit lui-même comme un "non-sioniste" [59] expose un des fondements du sionisme, la notion de peuple juif.

Que ce fondement ait été ou non revisité par les sionistes historiques et les pères fondateurs d'Israël, peu nous importe dans le cadre de cette réflexion. Il suffit de voir combien vives ont été les critiques et les réactions face à cette thèse, pour comprendre qu'on touche là une des représentations cruciales des Juifs israéliens, l'appartenance à un peuple juif. L'exemple du livre de Shlomo Sand permet de toucher du doigt une de ces représentations qui fondent la vision qu'a d'elle-même la société israélienne juive. Le mythe [7] sioniste est un mythe fondateur de l'identité israélienne.

Bien plus, non seulement les éléments que propose le mythe sioniste, spécificité irréductible du peuple juif, destin national d'un peuple éparpillé, construction d'un Etat-modèle et d'une société nouvelle, peuple d'agriculteurs à la vocation quasi-biblique, invocation de la lutte contre l'occupant romain (Massada), etc. ont assis la création de l'Etat d'Israël, mais ils restent encore aujourd'hui les garants de son unité.[38] Un certain essoufflement de l'idéologie sioniste notamment dans ses aspects socialistes (*kibboutzim* et autres) s'est traduit par un relâchement de l'unité nationale, tel que pouvait le constater Ilan Greilsammer dans un ouvrage datant déjà de 1998.[38]

---

6. On consultera notamment avec profit la série d'articles publiés dans Le Débat en 2010 (Vol. I, num. 158), intitulée *Autour de* L'invention du peuple juif *de Shlomo Sand.* Nous citons ici un certain nombre d'auteurs ayant contribué à cette réflexion.

7. Le terme "mythe" est ici entendu dans le sens qui lui est donné en philosophie politique, c'est-à-dire un récit fondateur de l'unité d'un peuple, et non dans le sens dévalorisé d'une simple construction artificielle.

Ceci, à notre avis, éclaire considérablement notre sujet. Il ne s'agit pas de dresser la typlogie d'une secte religieuse, ni d'étudier les effets centrifuges d'un mouvement intégriste semblable à ceux qui minent d'autres sociétés. Il s'agit de comprendre la place de communautés souvent détestées, mais aussi souvent respectées, qui affirment représenter l'essence du judaïsme, mais qui honnissent le seul Etat juif de la planète. Bref de communautés qui sont une épine dans la chair d'Israël, mais une épine nourrie de la sève même de cette société.

Alors, qu'en est-il de l'influence des ultra-religieux *haredim* au sein d'un Israël à la cohésion affaiblie ? La présence de ces communautés, dont on connaît l'anti-sionisme majoritaire, a-t-elle pour conséquence d'affaiblir ce lien national, alors même que la situation géopolitique d'Israël reste précaire ? Quelle est leur véritable force, tant démographique que politique ? Les *haredim* ont-ils une influence réelle sur la politique d'Israël, intérieure ou extérieure ?

Bref, peut-on parler d'un péril ultra-orthodoxe dans la société israélienne ?

C'est à cette question que ce travail, bien modeste, tentera d'apporter quelques éclaircissements.

Première partie

L'ultra-orthodoxie juive, une fracture au sein de la société israélienne

CHAPITRE 1

L'ultra-orthodoxie juive, complexe et fragmentée [1]

Comme le note Doris Bensimon :

> "[l]e judaïsme n'a pas d'Eglise. Depuis l'époque biblique, il est divisé en une grande diversité de mouvements et de tendances qui souvent s'affrontent jusqu'à la violence".[17]

Il est important d'avoir à l'esprit cette composante fondamentale du judaïsme pour comprendre à la fois l'histoire et l'importance actuelle du facteur ultra-orthodoxe en Israël. Parmi la pluralité d'écoles de pensée que connaît le judaïsme, la voie orthodoxe se distingue par son application stricte des commandements divins tels que contenus dans la loi.

Toutefois, l'orthodoxie n'est pas uniforme. Il convient d'établir une typologie soigneuse, de s'appuyer sur des distinctions historiques et des distinctions d'orientations, de peser les déterminants des groupes divers, afin de cerner les questions dans toute leur complexité.

Nous nous intéresserons particulièrement à l'ultra-orthodoxie, après avoir présenté l'histoire des mouvements qui lui sont liés, pour constater que même au sein de cette branche de l'orthodoxie les divisions sont nombreuses. Nous pourrons alors dresser un état de lieux de l'ultra-orthodoxie dans la société israélienne contemporaine, avant de nous essayer à une typologie des principaux mouvements ultra-orthodoxes aujourd'hui actifs.

---

1. Ce chapitre et les deux suivants sont rédigés par Arnaud Mailhos.

1.1. Racines et fondements de l'orthodoxie juive

A l'origine de la religion juive, tous les Juifs sont "orthodoxes", dans le sens d'observants. Les courants libéraux, apparus au XVIIIe siècle, promeuvent non seulement une adaptation de la religion juive et de la loi mosaïque, mais également une adaptation des sociétés juives telles qu'elles existaient alors. Face à cette tentative de modernisation, différents courants dits "orthodoxes" se sont cristallisés.

1.1.1. Le courant libéral et la naissance des mouvements orthodoxes.

L'ultra-orthodoxie juive, mais plus généralement l'orthodoxie juive, est née à l'époque moderne, en réaction aux courants dit "libéraux" ou "réformés", qui apparaissent dès le XVIIIe siècle en Allemagne et se développent dans le courant du XIXe siècle en Europe. Les communautés juives d'Allemagne et d'Europe de l'Est, ont ainsi connu ce qui peut être considéré comme l'équivalent des Lumières d'Europe occidentale, la *haskala,* ou Lumières juives.

A la suite du mouvement des Lumières et sous l'influence de *l'Aufklärung* allemande, des penseurs juifs commencent à théoriser une intégration à la société moderne, chrétienne, et à ne voir dans le judaïsme qu'une appartenance religieuse, qui ne s'oppose pas à l'intégration dans des sociétés où le principe de tolérance est progressivement réaffirmé. Ainsi, des penseurs comme Mendelssohn (1729-1786) ou Wessely (1725-1805) sont les précurseurs des théoriciens de l'émancipation juive, en proposant une séparation de l'Etat et de la religion ou une réforme du système éducatif. [17]

Ces courants se propagèrent de l'Allemagne vers les communautés juives d'Europe orientale et créèrent une élite intellectuelle, les *Maskilim,* favorable à l'apprentissage des sciences profanes [2] et à l'usage de l'hébreu en dehors du seul domaine religieux. [17] Ces *Maskilim,* recrutés sur les bancs de l'Université, parmi les adeptes du renouveau nationaliste juif, dans le sillage de l'éveil de l'Europe des nations, ou parmi les opposants au tsar, suscitèrent sans tarder l'opposition de certains Juifs, qui se définirent eux-mêmes comme orthodoxes. Ces mouvements s'opposaient à la sécularisation des sociétés juives par

---

2. Notons qu'un tel apprentissage est de nos jours condamné par les courants ultra-orthodoxes les plus durs en Israël.

l'apprentissage des sciences profanes avant même celui des sciences sacrées et à la séparation de la religion et de l'identité juive.

Cette progressive intégration des communautés juives, que décriaient les courants orthodoxes naissants, s'effectue au cours du XIXe siècle, par les édits de tolérance, dont le plus célèbre est celui pris par l'empereur d'Autriche, Joseph II, en 1781 [4]. Faisant suite à la réflexion de penseurs juifs, notamment de Christian Döhm, cet édit entend intégrer les Juifs à la vie de l'Empire austro-hongrois. [48] De même, l'émancipation des Juifs en France, par l'attribution de la pleine citoyenneté, la relégation provisoire de la religion dans l'espace public, conduit une partie des Juifs à adopter une position favorable à l'intégration complète.

Les diasporas d'Europe orientale connaissent néanmoins une situation moins enviable que celles d'Europe occidentale. Leur intégration à la société est bien plus difficile, malgré la volonté d'émancipation des mouvements nés de la *haskala*. L'inspiration socialiste et libérale de ces mouvements aura une grande influence sur l'établissement de l'Etat d'Israël, par les premières *alyoth*.

1.1.2. Le développement de l'orthodoxie. C'est, nous l'avons vu, par contraste avec ces mouvements réformés, libéraux, que les mouvements orthodoxes, c'est-à-dire attachés à une pratique fidèle et scrupuleuse, refusant ce qui leur semble des compromissions avec la modernité, se structurent. Ils naissent pour la plupart sous la direction d'un rabbin, d'une école, comme c'est souvent le cas dans la tradition juive.

Dès le début, les mouvements dits "orthodoxes" ont à prendre parti non seulement par rapport aux pratiques religieuses des Juifs libéraux, mais également par rapport à leur vision du monde et à leurs aspirations politiques. Prenant souvent le contre-pied de ces mouvements, les Juifs observants se sont très vite opposés aux projets d'intégration de la communauté juive dans la société qui l'entoure, autant qu'aux projets sionistes qui apparaissent très vite dans les cercles libéraux. Ainsi, surtout dans le monde orthodoxe dit "lituanien", on trouve un

---

4. Voir sur ce sujet l'ouvrage de Jacob Katz, *Hors du ghetto, l'émancipation des Juifs en Europe, (1770-1870)*, Hachette, 1984.

fort sentiment anti-moderniste et séparatiste, sentiment qui s'enracine dans une longue tradition.

1.2. L'apparition des mouvements *haredim* en Israël

Les mouvements *haredim* constituent la frange ultra-orthodoxe des Juifs pratiquants. On pourra se reporter à la figure 1.3.2 en page 23 pour les placer sur l'arbre des courants du judaïsme contemporain. C'est à ces mouvements que nous nous intéressons dans cette étude. Nous présenterons succinctement ici l'apparition des mouvements ultra-orthodoxes en Israël, avant de revenir plus en détail sur les différents mouvements dans le chapitre 2.

1.2.1. L'ancien *yishouv*.

On nomme ancien *yishouv*[5] les communautés juives établies en Palestine avant le début des émigrations motivées par le sionisme, dans les années 1880. Certaines communautés ont ainsi habité en Palestine sans interruption depuis la destruction du Temple, en 70 de notre ère, jusqu'aux premiers temps de l'Etat d'Israël.

L'ancien *yishouv* comptait trois groupes principaux :
(1) Des Juifs arabisés, descendants des Juifs restés en Israël après la destruction du Temple.
(2) Des Juifs séfarades, pour la plupart arrivés en Palestine après leur expulsion d'Espagne au XVe siècle.
(3) Des Juifs ashkénazes, arrivés plus tard.

Ces Juifs, pour la plupart très conservateurs et versés dans l'étude de la Torah se considéraient comme les ambassadeurs du peuple entier d'Israël sur sa terre. Leur rôle était de se consacrer à l'étude et à la prière, ce qui explique le système de la *haloukah*[6], dont ils vivaient, à l'exclusion presque totale du travail manuel.

Ils virent d'un très mauvais oeil l'arrivée des premiers sionistes, qui pensaient-ils, allaient provoquer un châtiment divin du fait de leur venue en masse. Une faible partie des *haredim* contemporains est issue de ces communautés, ultra-religieuses dès l'origine, mais dont l'importance démographique est très faible de nos jours.

---

5. Littéralement "communauté", "implantation".
6. Contribution financière envoyée par la diaspora juive.

1.2.2. Les nouveaux courants *haredim*. Les courants *haredim* présents en Israël de nos jours sont pour la plupart nés à l'étranger, que ce soit dans le monde séfarade ou dans le monde ashkénaze. Pour la plupart farouchement anti-émigrationnistes, les "lituaniens", c'est-à-dire les *haredim* de l'Europe de l'Est, sont forcés de considérer l'exil durant la seconde guerre mondiale. Beaucoup de membres de ces communautés périssent durant la Shoah, et ce n'est qu'une petite partie qui parvient à gagner la Palestine, pendant ou immédiatement après la guerre. Ils reconstruisent alors progressivement leurs communautés.

Les *haredim* séfarades sont souvent arrivés plus tard en Israël, et ont de la même manière étoffé leurs communautés.

Autre encore est l'itinéraire des courants qui avaient choisi d'émigrer aux Etats-Unis pour fuir les persécutions nazies. Ces courants, dont le plus notable est le mouvement loubavitch, se sont solidement implantés dans les ghettos des villes américaines, renforçant les communautés déjà présentes. A partir de ces communautés américaines, un certain nombre d'entre eux ont ensuite gagné Israël dans les années 1970 et 1980.

1.3. Les mouvements ultra-orthodoxes dans le judaïsme contemporain

Le judaïsme contemporain est complexe et compte différents courants, qui se distinguent par leur théologie mais également par leur pratique religieuse. Nous pouvons schématiquement découper le judaïsme contemporain en trois courants principaux : judaïsme libéral, judaïsme massorétique et judaïsme orthodoxe (voir la figure 1.3.1 en page 22). Le judaïsme *haredi*, ultra-orthodoxe, fait partie du courant orthodoxe, même si nombre de *haredim*, de leur point de vue, considèrent que les orthodoxes dits "modernes" ou néo-orthodoxes ont apostasié.[49]

1.3.1. Le judaïsme libéral. Le judaïsme libéral est très répandu de nos jours en Europe et aux Etats-Unis. Il est en réalité constitué d'une multitude de courants, la tendance naturelle du judaïsme à la pluralité des écoles étant encore renforcée par les degrés très divers d'application de la loi mosaïque.

22 1. L'ULTRA-ORTHODOXIE JUIVE, COMPLEXE ET FRAGMENTÉE [8]

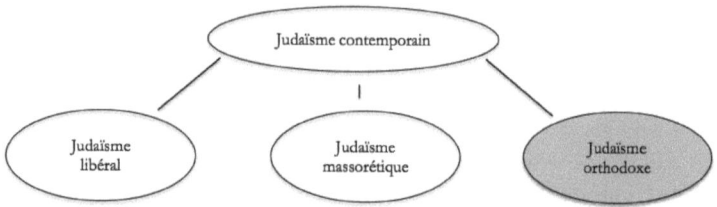

FIGURE 1.3.1. Les courants du judaïsme contemporain

Les partisans du courant libéral considèrent en règle générale que les prescriptions de la *halakha* ne sont plus contraignantes à l'époque moderne. Ils préfèrent mettre l'accent sur une éthique que sur des pratiques rituelles et légalistes, promeuvent l'égalité homme/femme, y compris dans les fonctions rabbiniques. Nous ne rentrerons pas ici dans le détail des courants du judaïsme libéral ni dans les problématiques liées à ces mouvements.

1.3.2. Le judaïsme massorétique. Aussi appelé judaïsme massorti, du mot hébreu signifiant "tradition", le judaïsme massorétique représente une *via media,* entre les courants libéraux et orthodoxes. Ce mouvement est relativement récent, né aux Etats-Unis, où il est très important. Comme c'est souvent le cas, les différents mouvements Massorti dans le monde ne placent pas le curseur au même endroit. De tendance plutôt libérale en France, ils se rapprochent des orthodoxes aux Etats-Unis et en Israël. Néanmoins, les Massorti sont considérés par les *haredim* comme libéraux, voire comme apostats, du fait notamment des responsabilités religieuses accordées aux femmes.

Le mouvement massorti cherche à concilier judaïsme et modernité, au moyen d'une interprétation relativement souple de la *halakha*, qui doit permettre une adaptation à l'époque moderne. Cette interprétation souple conduit notamment le mouvement massorti à adopter des positions plus féministes - par exemple en ordonnant des femmes rabbins - et intellectuelles que les courants orthodoxes, ce qui ne va pas sans provoquer des débats à l'intérieur même du mouvement.

En Israël, le mouvement massorti ne s'est implanté que dans les années 1980, et ne compte que 50 000 membres. Il n'est pas considéré

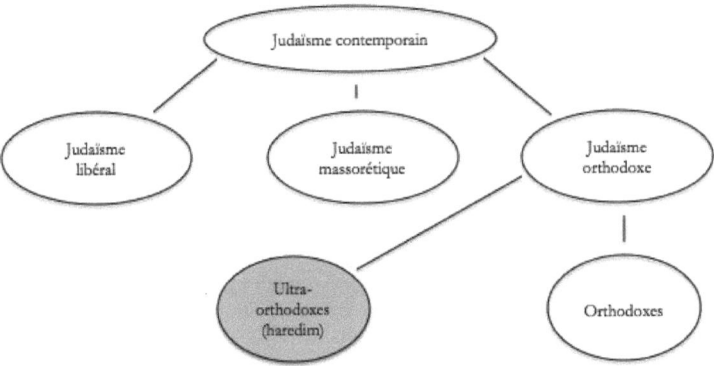

FIGURE 1.3.2. Le courant *haredi* dans le judaïsme contemporain

comme un mouvement orthodoxe et par conséquent n'a pas le droit aux subventions de l'Etat d'Israël.

1.3.3. Orthodoxie moderne et ultra-orthodoxie. Il importe de bien distinguer les mouvements *haredim* des mouvements dits *conservateurs* aux Etats-Unis [9], néo-orthodoxes, ou simplement orthodoxes.

L'école dite "néo-orthodoxe", parfois aussi "orthodoxe moderne" a été créée par le rabbin Samson Hirsch (1808-1888), qui fut notamment à la tête de la communauté juive de la ville de Francfort. Ce mouvement, qui a pris son ampleur dans les années 1850, défend une *via media*, illustrée par la devise de Hirsch "la Torah et les sciences [des nations]", qui envisage une ouverture prudente à la modernité. Les partisans du courant néo-orthodoxe considèrent que les communautés juives ne doivent refuser que les éléments de modernité qui s'opposent aux 613 commandements de la loi mosaïque, les *mitzvot*.

Il est intéressant de noter que Hirsch resta opposé au sionisme, estimant que seul le Messie pouvait rassembler les Juifs.[40]

---

9. Notons que ces mouvements, et notamment leurs branches américaines, ne sont pas sans influence sur la situation des *haredim*, étant donné que la diaspora néo-orthodoxe participe au financement des *yeshivot* ultra-orthodoxes.

Ces deux branches de l'orthodoxie juive, si elles présentent dès les origines des divergences sur des points de doctrine ou des observances rituelles, restent néanmoins assez unies dans les premiers temps. C'est ainsi que les tenants du courant néo-orthodoxe du Rav Hirsch et les conservateurs de l'Europe de l'Est (hassidim Loubavitch pour la plupart) ont fondé ensemble le parti ultra-conservateur Agoudat Israël [10] en 1912.

Toutefois, les courants orthodoxes modernes et orthodoxes *haredim* divergent dès l'entre-deux-guerres. C'est à ce moment que l'ultra-orthodoxie revendiquée comme telle apparaît sur la scène et qu'elle s'assure le contrôle d'Agoudat Israël. [11]

Si l'orthodoxie moderne a longtemps constitué la norme de l'orthodoxie aux Etats-Unis et, dans une certaine mesure, en Israël, des auteurs comme Liebman ont pu, dès les années 1980, identifier un déclin relatif de ce courant au profit des mouvements *haredim*. Cette adhésion des jeunes néo-orthodoxes se produit en général par le biais de l'enseignement des *yeshivot* et des Sages de la Torah.[51]

---

10. "Association d'Israël". Parti politique religieux fondé en 1912, ultra-orthodoxe à majorité hassidique.
11. Sous l'influence, notamment, du rav Isaac Meïer, de la dynastie de Gour, le parti devient le bras armé de la lutte contre le sionisme et les aspirations politiques décriées par toutes les factions ultra-orthodoxes comme messianiques.

CHAPITRE 2

Essai de typologie des principaux courants de l'ultra-orthodoxie

Nous reprendrons dans ce chapitre la triple fracture identifiée par Illan Greilsammer[37] à l'intérieur du courant ultra-orthodoxe :

(1) Fracture entre *hassidim* et *mitnagdim* recoupant la fracture ashkénazes / séfarades

(2) Fracture entre les communautés, du fait de divergences théologiques ou de luttes de pouvoir

(3) Fracture liée à l'acceptation ou non du sionisme et de l'Etat d'Israël

Ce sont ces trois lignes de fracture des communautés *haredim* que nous allons maintenant étudier, afin d'essayer d'établir une typologie des principaux courants ultra-orthodoxes.

2.1. Les courants ultra-orthodoxes *haredim*

2.1.1. *Hassidim* et *mitnagdim*. Les *haredim* sont divisés principalement entre les *hassidim* et les *mitnagdim* (voir la figure 2.1.1 en page 27). Cette distinction recouvre plus des questions d'origine géographique ou de théologie que des différences importantes dans la pratique religieuse au quotidien. Cette distinction, très marquée au début du XXe siècle, a tendance à s'estomper dans la société contemporaine, du fait des menaces identifiées par la communauté *haredi*, qui les forcent à se regrouper.

2.1.2. Les Juifs *hassidim*. Le hassidisme est une école particulière du judaïsme, qui est apparue au XVIIIe siècle en Europe de l'Est. D'inspiration mystique, il se considérait comme un mouvement de renouveau religieux, et a rapidement fédéré une partie importante des Juifs d'Europe orientale.

A l'origine de ce mouvement se trouve le rabbin Israël Ben Eliezer(1700-1760), souvent connu sous le nom du Besht. Celui-ci chercha à redonner à la religion juive un aspect mystique, festif, alors qu'elle s'était repliée sur l'étude académique des textes après les traumatismes causés par les faux messies et les mouvements mystiques exaltés. Le rabbin Ben Eliezer entreprit de susciter un nouveau courant porté vers la mystique, l'enthousiasme et la ferveur.

Ce mouvement séduit de nombreux Juifs, qui se fédèrent en communautés rassemblées autour de chefs charismatiques, les *admor*. Cet attachement à des chefs charismatiques, avec une ferveur frôlant parfois le messianisme, est aujourd'hui une des caractéristiques des mouvements hassidiques.

Le mouvement hassidique n'a pas été, nous le verrons, sans susciter de vives oppositions de la part du mouvement dit *mitnagdi*.

2.1.3. Les Juifs *mitnagdim*. Les *mitnagdim*[1], littéralement "opposants", ont historiquement été très méfiants face au courant hassidique. C'est dans l'opposition à ce courant, et notamment par peur d'une déviance messianique dont on trouve la tendance dans le mouvement hassidique, qu'on a observé la cristallisation du courant *mitnagdi*, sous la conduite d'Eliyahou Kramer ("le génie de Vilna").

Les membres du courant *mitnagdi*, important en Israël, sont partisans d'un judaïsme plus intellectuel, bien moins mystique, fondé sur le Talmud et le système dialectique de la *pilpoul*[2]. Les relations entre les deux courants principaux du judaïsme sont traditionnellement tendues, les *mitnagdim* vivant dans le souvenir douloureux des attentes messianiques trompées et hérétiques qui avaient agité le XVIIe siècle.

---

1. Parfois appelés "lituaniens" ou "lithuaniens", du fait que les *yeshivot* lituaniennes ont eu une grande influence sur la pensée de ce mouvement et que c'est en Lituanie que s'est longtemps trouvé le centre de gravité du mouvement *mitnagdi*.

2. Signifiant, littéralement, "question-réponse", la *pilpoul* est le système traditionnel d'enseignement talmudique, dialogue entre le maître et l'élève.

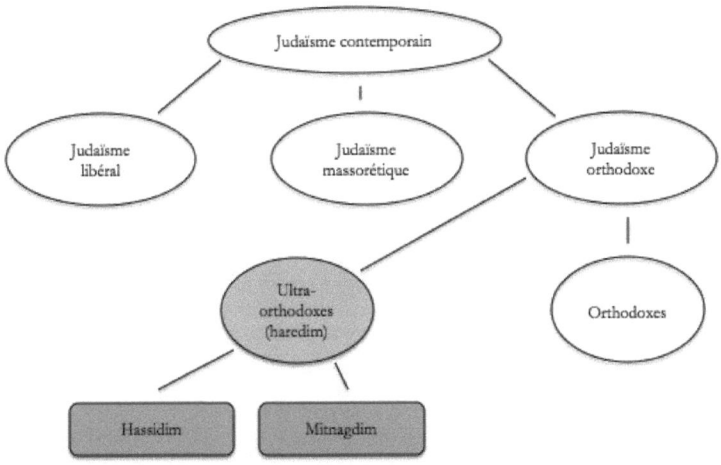

FIGURE 2.1.1. Les courants *hassidim* et *mitnagdim*

Il existe des différences notables de structuration des communautés *mitnagdim*, par rapport aux communautés hassidiques. Ainsi, la base de la communauté *mitnagdi* est la *yeshiva*, et son chef. Les dynasties de grands rabbins charismatiques sont beaucoup moins présentes que dans les milieux hassidiques. Aussi la plupart des grandes dynasties qui ont encore une importance dans le milieu *haredi* contemporain sont-elles hassidiques.

Quoi qu'il en soit, il ne faudrait pas rendre ces différences plus importantes qu'elles ne le sont dans la réalité. Si les diverses observances et les divergences dans les traditions ou les structures de pouvoir peuvent parfois créer des tensions, il n'en reste pas moins que ces deux courants présentent la plupart du temps un front uni, autant qu'il est possible dans le milieu ultra-orthodoxe.

2.2. Les différentes communautés *haredim* et les structures de pouvoir

Chaque Juif pratiquant, à plus forte raison un ultra-orthodoxe, doit se donner un *rav*, un rabbin, comme guide spirituel, qui est chargé de répondre à ses questions concernant l'interprétation de la Torah et des

2. TYPOLOGIE DES PRINCIPAUX COURANTS

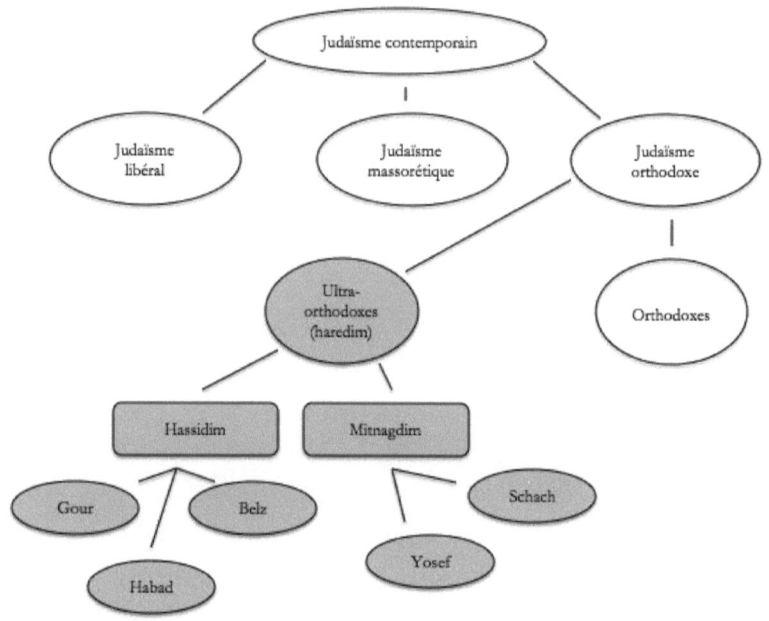

FIGURE 2.2.1. Les principales dynasties *haredim*, acteurs d'importance majeure

commandements divins. Ainsi, chaque croyant a son référent spirituel, et chaque communauté a son ou ses rabbins, dont les avis divergent parfois. De plus, les Sages de la Torah sont fréquemment consultés par les hommes politiques, ne serait-ce que pour gagner l'oreille des haredim, et leurs votes.

A l'aune de l'influence presque messianique de certains chefs, comme les Habad, et des conflits que se livrent les différents courants, on mesure le prestige et l'importance qu'ont sur les communautés *haredim* les principales dynasties.

Nous aborderons dans cette partie l'histoire de ces principaux courants du judaïsme ultra-orthodoxe, et on se reportera au chapitre 7 pour une analyse de l'influence de ces communautés sur la vie politique israélienne.

2.2.1. Gour.
La dynastie de Gour compte aujourd'hui le plus grand nombre d'adhérents au sein des courants hassidiques, après la dynastie Habad (Loubavitch). Cette dynastie est née au début du XIXe siècle, du rav Isaac Meïr Rothenberg Alter (1789-1866), dans la ville de Gora-Kalwaria, près de Varsovie. Le rav Isaac Meïr est reconnu comme un des plus grands Sages de la Torah et ses ouvrages et *responsa* sont toujours étudiés de nos jours dans les *yeshivot*.[37] Les lignes directrices qu'il voulut donner à son mouvement sont toujours revendiquées aujourd'hui : rigueur, fermeté, précision intellectuelle.

Le second *admor*[3] de Gour, Arieh Leib Alter, (1847-1905), aussi connu sous le nom *Sfat Emet*, du nom de son ouvrage principal, eut un rôle important dans le développement de la dynastie. Il fut un des principaux fondateurs du parti *Agoudat Israel* en 1912, et à l'origine de la condamnation explicite et violente du sionisme. Le parti *Agoudat Israel*, sous sa conduite notamment, devient dans l'entre-deux-guerre le bras armé de la dynastie de Gour, qui voit dans l'activité du parti "quelque chose de fondamental pour l'avenir de l'Israël religieux".[37] Aussi les membres du courant de Gour constituent-ils encore l'épine dorsale du parti *Agoudath Israel*.

Etablie en Palestine pendant la guerre par un des fils de l'*admor*, qui seul avec son père a survécu à la Shoah, la dynastie y développe ses institutions. La dynastie, dont l'*admor* est de nos jours le Rav Yaacov Arié Alter, a maintenu son contrôle sur le parti *Agoudath Israel*, et s'attribue un rôle de chef de file du mouvement hassidique, dont il cherche l'unification. On notera que, si la dynastie continue à professer un anti-sionisme de principe, une forme de tolérance envers le sionisme est en réalité apparue dans les dernières années.

2.2.2. Habad (Loubavitch).
Le mouvement des Loubavitch, sous la conduite de la dynastie d'Habad, est probablement le mouvement ultra-orthodoxe juif le mieux connu et le plus important actuellement. Il fait figure d'exception à de nombreux égards, que ce soit par la présence en son sein de nombreux convertis et de Juifs revenus à la religion, par un certain prosélytisme étranger à la tradition judaïque ou par la révérence touchant au culte de la personnalité dont sont entourés ses dirigeants.

---

3. C'est-à-dire le chef de la dynastie.

La dynastie Habad n'est pas née avec le développement du mouvement actuel Loubavitch, qui n'est apparu qu'au XXe siècle, sous l'influence du septième *admor* de la dynastie Habad, le rav Menahem Mendel Schneerson. La dynastie Habad tient cour depuis le XVIIIe siècle, à Liozna puis à Liadi, en Biélorussie. La dynastie, notable pour ses écrits spirituels mais à l'influence encore limitée, se déplace à Lyuabavitchi, qui reste le centre du mouvement jusqu'à la seconde guerre mondiale. Fuyant le nazisme, c'est aux Etats-Unis que le rav Schneerson développe le mouvement, après avoir établi sa cour à New York. Sous son influence, et grâce à son charisme exceptionnel et son indéniable supériorité intellectuelle, le mouvement Loubavitch prend rapidement une dimension internationale, et étend ses institutions dans plus de soixante-quinze pays.

Au contraire des autres mouvements, les chefs de la dynastie Habad considèrent qu'il faut hâter la venue du Messie en amenant les Juifs à une pratique plus fidèle : c'est le sens du slogan *oufaratzta* ("tu diffuseras", du passage de la Genèse 28 :14) répété tant et plus par le rav Schneerson au cours de sa vie. Aussi des "émissaires" *(Shlouhim Habad)* sont-ils envoyés par petits groupes dans les villes où le mouvement n'est pas encore présent, pour constituer un noyau actif, chargé de promouvoir le *kirouv*, le retour des Juifs à la religion traditionnelle.

En Israël, où le mouvement est assez implanté (environ 300 implantations selon les statistiques du mouvement), sa philosophie politique, tolérante avec le sionisme qu'elle condamne en principe, est farouchement aggressive en ce qui concerne l'intégrité du territoire national.

La mort du rav Schneerson en 1994 a néanmoins ébranlé le mouvement. Les déclarations du rabbin à la fin de sa vie, ambigües, peuvent laisser penser qu'il se considérait comme le Messie, affirmation qui trouve un terreau fertile dans l'admiration sans borne que lui vouaient nombre de ses disciples. Le mouvement, à sa mort, se fissure entre les messianistes et les non-messianistes, tout en encourant la méfiance des autres mouvements *haredi*, qui considèrent comme blasphématoires ses aspirations millénaristes. Toutefois, si ces scissions donnent lieu à des affrontements et des procès, notamment dans la diaspora new-yorkaise, le mouvement dans son ensemble conserve une grande part de son influence.

2.2.3. Belz.

La dynastie de Belz, fondée au XIXe siècle dans la ville de Bekz, en Galicie, était avant la seconde guerre mondiale, une communauté importante. Mais, hostile à l'émigration en Palestine, elle fut presque intégralement anéantie lors de la Shoah. Le rav Aharon Rokeah réussit à fuir, dans des circonstances que l'on qualifiera plus tard de miraculeuses, et à gagner la Palestine, où il reconstruisit peu-à-peu la dynastie Belz.

L'*admor* est de nos jours le rav Issachar Dov Rokeah, neveu du rav Aharon Rokeah, né en 1948. Il reprit la tâche d'étendre la communauté et y réussit fort bien, malgré un caractère autoritaire et indépendant.[37]La communauté de Belz faisait partie de la nébuleuse *Edah Haredit* jusqu'en 1980, date à laquelle il fonde sa propre communauté. Cette décision provoque la fureur de nombre de courants *haredi*, notamment des courants anti-sionistes, créant des tensions qui dégénèrent souvent en affrontement.

En 1988, dans un dernier effort pour obtenir un statut plus important pour son courant, il rejoint le rabbin Schach dans sa sécession d'avec le parti *Agoudath Israel*, dont les promesses avaient été déçues (voir la partie 2.2.4). Il fonde alors le parti Degel haTorah. Son influence personnelle est toutefois moindre que celle des autres grands *leaders* spirituels.

2.2.4. Schach.

Héritier de la tradition lituanienne des grandes académies talmudiques, le rav Eliezer Menahem Schach (1899-2001), a eu une influence profonde et durable sur le courant *mitnagdim*. Après son émigration en Palestine en 1940, il devient le maître de la *yeshiva* de Ponovetz à Bné-Brak, de haute réputation.

A la différence des maîtres hassidiques, le rabbin Schach n'avait pas de cour. Toutefois, il exerçait une activité de conseil et d'autorité spirituelle auprès de dirigeants politiques comme auprès de simples croyants. Très marqué par la spiritualité talmudique lituanienne, méfiante à l'égard des théologies mystiques ou spéculatives, et par la Shoah qui a anéanti la quasi-totalité du judaïsme lituanien, il considérait la création de l'Etat d'Israël comme un événement de seconde importance dans l'histoire du peuple juif. Il fut pourtant longtemps au centre de la scène politique, en assurant la co-présidence du Conseil des Grands de la Torah de l'Agoudath Israel, avant qu'il n'en démissionne en 1983, date à partir de laquelle il partage une direction de fait sur les partis Shass et Degel haTorah avec le rabbin Yosef.

Selon la ligne qu'il donna à son école de pensée, seule l'observance religieuse comptait dans la société juive, les autres problématiques étant sans importance en dehors de leur rapport avec cette question fondamentale. Farouchement anti-sioniste, il dénonçait dans le culte de l'Etat israélien une idolâtrie qui cherchait à remplacer la Torah par la force humaine. En définitive, dernier tenant d'une théologie très traditionnelle, opposant au messianisme des Loubavitch comme à la laïcisation de la société israélienne, à laquelle il assimilait les Juifs néo-orthodoxes, il était à la fin de sa vie plus respecté pour son immense culture biblique que suivi dans ses positions politiques.

Ainsi, sa position de non-compromission avec l'Etat d'Israël n'était plus partagée, dès avant les dernières années de sa vie, par un certain nombre de ses disciples, qui comptaient profiter de la perte de vitesse de l'idéologie sioniste pour bénéficier plus largement des bienfaits de l'Etat (notamment des subventions aux *yeshivot*).[37] Cette démarche impliquant la participation des *haredim* au gouvernement, et le rabbin lui-même assumant *de facto* un rôle politique dans les années 1980, l'antagonisme du courant Schach avec l'Etat d'Israël s'est affaibli et les membres des partis Shass et Degel haTorah sont de nos jours partie intégrante du jeu politique.

2.2.5. Yosef. Depuis la mort du rav Schach, le rav Ovadia Yosef, chef spirituel du parti Shass, exerce une influence à peu près sans partage sur les cercles séfarades ultra-orthodoxes. Né en 1920 à Bagdad, il émigre en Palestine à l'âge de trois ans. Il bénéficie très tôt d'une réputation importante; on vante ses capacités de travail colossales, sa mémoire inouïe, et ses connaissances sans limite. Nommé juge rabbinique à l'âge de 26 ans (il est alors le plus jeune du pays), il exerce à partir de 1972 la fonction de grand rabbin d'Israël.

Très exposé dans ce poste administratif, donc sioniste, il réussit toutefois le tour de force de ne pas perdre l'estime du monde ultra-orthodoxe, notamment en exploitant habilement la détestation des *haredim* pour le grand rabbin ashkénaze Shlomo Gorem, dont il fait son ennemi juré.[37] Après sa démission du grand rabbinat en 1982, il est à l'origine, avec le rabbin Schach, de la scission d'*Agoudath Israel* qui débouche sur le parti Shass. C'est alors le début d'une lutte d'influence subtile, sous des dehors cordiaux, entre les deux *leaders* du mouvement.

Dans les dernières années, le rav Yosef exerce un rôle de conseil religieux et juridique ; c'est sans conteste le Sage le plus écouté de nos jours, tant pour ses *responsa* que pour ses commentaires talmudiques. Particulièrement écouté des Juifs séfarades et Mizrahi, il est unanimement respecté, même si certaines de ses positions, controversables à dessein, ont suscité des tensions et des débats.

2.3. Les ultra-orthodoxes et le sionisme

Les relations entre les ultra-orthodoxes et le sionisme sont particulièrement intéressantes dans le cadre de cette étude. En effet, les problématiques que nous avons identifiées dans la société d'Israël ont un rapport étroit aux controverses qui se sont nouées autour du sionisme.

Les *haredim* sont, dans leur grande majorité, opposés au sionisme, pour diverses raisons sur lesquelles nous reviendrons. Pour autant, tous les ultra-orthodoxes ne rejettent pas le sionisme, même si cela était le cas à l'origine. Les courants ultra-orthodoxes partageaient d'ailleurs cet anti-sionisme viscéral avec les orthodoxes dits "modernes", notamment avec l'école du Rav Hirsch. De nos jours, si l'hostilité au sionisme reste la norme, un certain nombre de courants *haredim* ont néanmoins accepté de considérer une coopération avec le sionisme, notamment pour les avantages matériels qu'ils en retirent.

Pour Illan Greilsammer, toutefois, la ligne de partage entre ultra-orthodoxes et sionistes-religieux recoupe la ligne de partage entre *haredim* et *datiim*[37]. Nous reviendrons plus en détail sur ce point (2.3.3) pour voir ce qu'il en est réellement de la frontière *haredim*/antisionistes.

2.3.1. L'opposition ultra-religieuse au sionisme.
L'opposition des principaux mouvements *haredim* au sionisme vient notamment de ce que l'on appelle le "triple serment". Selon cette tradition juive, Dieu aurait fait prêter au peuple d'Israël un triple serment :

(1) "Ne pas monter sur les remparts", c'est-à-dire émigrer en masse en Terre Sainte.

(2) "Ne pas hâter la fin des temps" en cherchant à provoquer l'arrivée du Messie par des voies humaines.

(3) "Ne pas susciter le courroux des nations".[15]

Dans cette vision des choses, la tentative par certains Juifs de prendre en main la reconquête d'Eretz Israël ne peut apparaître que comme la folie orgueilleuse qui ne manquera pas d'attirer sur le peuple entier la sanction du péché. Cela est aggravé par le fait de rabaisser la Terre Sainte à une vulgaire patrie d'émigration, alors que le noyau dur des Juifs pratiquants établis depuis longtemps en Palestine s'est toujours considéré comme le groupe émissaire de tout le peuple, qui ne pouvait se dédier qu'à la prière. Ainsi le sentiment anti-sioniste est-il particulièrement virulent, notamment parmi les membres des communautés issues de l'ancien Yishouv.

De plus, les groupes sionistes qui s'établissaient en *kibboutzim* étaient souvent constitués de Juifs laïques ou peu pratiquants, accusés de désacraliser la terres d'Israël par le viol des interdits alimentaires ou une conduite débauchée.

Cela se traduit en pratique par des oppositions frontales, dont le caractère parfois extrême attire l'attention du public. Pensons par exemple aux manifestations des groupuscules de Netourei Karta en habits de déportés, qui ont scandalisé Israël et le monde occidental, ou à la rencontre très médiatisée du président iranien Ahmadinedjad et de sept rabbins affiliés, encore une fois, aux Netourei Karta.

Mais ces groupuscules extrémistes ne sont pas, loin s'en faut, la seule opposition du milieu *haredi* à l'idéologie sioniste. Nombreux sont-ils à considérer, comme l'explique Yakov Rabkin[58], que la relation des sionistes à l'Etat d'Israël relève de l'idolâtrie, et que "[l]a tradition juive situe l'héroïsme dans les salles d'étude plutôt que sur les champs de bataille"[58]. Ainsi, l'opinion répandue dans le monde occidental, qui identifie *haredim* ultra-orthodoxes et *war hawks* ultra-nationalistes et que véhiculent certains auteurs [4], est-elle une contradiction dans les faits.

---

[4]. Un bon exemple en est Barah Mikaïl (voir les références bibliographiques), qui, ne reculant pas devant les contre-sens, assimile un peu vite les deux, dans un souci pourtant louable de pourfendre l'intégrisme religieux.

2.3. LES ULTRA-ORTHODOXES ET LE SIONISME

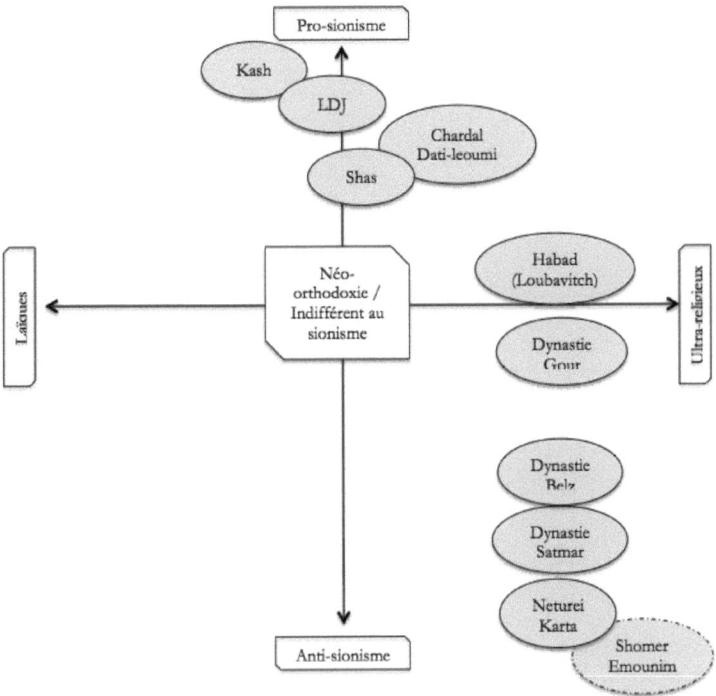

FIGURE 2.3.1. Matrice sionisme/ultra-orthodoxie des courants de la galaxie orthodoxe.

2.3.2. Le sionisme religieux. Le rav Isaac Kook fut l'un des chefs les plus influents du mouvement sioniste religieux. Grand rabbin des juifs ashkénazes dès 1924, sous le mandat britannique, il tenta de concilier le judaïsme orthodoxe et le sionisme. Selon le Rav Kook, la Torah devait être au centre du projet sioniste, et le nationalisme lui-même n'était qu'un moyen à mettre en oeuvre pour servir les buts religieux.[24]

Le parti Mizrahi, premier parti officiel du courant sioniste religieux, est créé en 1902 à la conférence internationale de Vilnius. Bientôt complété en 1921 par une branche syndicale, la Hapoel HaMizrahi puis en 1929 par un mouvement de jeunesse, Bnei Akiva, le parti Mizrahi participe de manière importante à la vie politique des premiers

FIGURE 2.3.2. Les courants sionistes religieux

temps d'Israël.[22] Il obtient dès sa création le ministère des Affaires Religieuses et est à l'origine des lois sur la *kacheroute* et l'observation stricte du shabbat dans les lieux de travail.

2.3.3. Néo-sionisme et ultra-orthodoxie : l'exemple des *dati-leoumi*. Le courant *dati-leoumi* (soit "religieux-national") le plus dur se situe à la frontière entre mouvements *haredi* et mouvements ultra-nationalistes ; il est donc à ce titre particulièrement intéressant pour notre étude. On nomme parfois ce mouvement *chardal*[5], contraction des termes *charedi*[6], *dati* et *leoumi*, ("religieux" et "national"), aggrégat de termes qui suffit à introduire aux positions du mouvement ainsi qu'à sa complexité.

---

5. *Chardal* est également le mot hébreu signifiant "moutarde".
6. Orthographe alternative d'*haredi*.

Comme tous les mouvements sionistes religieux, le mouvement *dati-leoumi*, dont les membres sont reconnaissables à leur *kippa*[7] tricotée au crochet, puise son inspiration dans les écrits du rav Kook. Toutefois, un courant plus observant a vu le jour dans les dernière années, notamment autour des *yeshivot* du rabbin Tau, partisan d'une ligne religieuse qui se rapproche beaucoup de la pratique *haredi*. Proches des courants ultra-orthodoxes, ils aménagent leur participation à la "défense de la cité" en fonction des impératifs de la *halakha* : c'est l'arrangement (*hesder*) concernant les obligations militaires, aux termes duquel sont entretenues des *yeshivot* spéciales, les *yeshivot hesder*, qui permettent d'accomplir leurs obligations sans pour autant renoncer à l'étude talmudique.

Ce courant, qui illustre bien la porosité d'une frontière que l'on aurait pu croire étanche, entre ultra-orthodoxes et ultra-nationalistes, connaît des divergences de vue marquées avec les *haredim*. Ainsi, au contraire de ces derniers, les *dati-leoumi* sont farouchement opposés à ce qu'on ampute le territoire d'Israël, et donc à ce que l'Etat prenne des mesures contre des implantations de colons. Aussi ont-ils été parfois amenés à s'opposer à l'Etat, alors même que les Juifs *haredim* sont beaucoup plus conciliants sur cette politique de retrait partiel, prenant même souvent des positions pro-palestiniennes. Des heurts sont alors fréquents entre les deux communautés, de positions pourtant proches en termes religieux.

---

7. Sorte de calotte, souvent noire ou blanche, qui couvre le haut du crâne, chez les Juifs pratiquants.

CHAPITRE 3

Une composante importante de la société israélienne contemporaine

Quel poids les ultra-orthodoxes représentent-ils au sein de la société israélienne contemporaine ? La réponse à cette question dépend bien évidemment de ce que l'on entend par ultra-orthodoxe. Pour notre part, au vu de témoignages directs et en recoupant les principales études, nous en évaluons le poids à 9%, soit environ 700 000 personnes.

Si les courants ultra-orthodoxes peuvent apparaître, à la suite de notre analyse, comme divers au sein d'une tendance commune, il reste toutefois que leurs modes de vie demeurent pour l'essentiel les mêmes de communauté à communauté. C'est à travers des traits du quotidien facilement identifiables, comme le port d'habits traditionnels longs et noirs [1], la fréquentation assidue des *yeshivot*, les affiches murales dans les quartiers *haredi*, l'emprise d'un modèle familial et religieux, etc. que sont souvent identifiés les ultra-orthodoxes. [37] Ces signes extérieurs de stricte observance religieuse ne vont pas sans créer des tensions dans ces quartiers et un malaise dans la société toute entière, comme nous le verrons *infra*.

3.1. Principes constitutifs des communautés ultra-orthodoxes

3.1.1. L'idéal *haredi*, la pratique de la loi et l'étude des textes. Les ultra-orthodoxes règlent leur vie quotidienne sur leurs principes religieux. Celui qui se définit comme *haredi*, "Craignant-Dieu", vit dans la terreur (le mot n'est pas trop fort pour traduire le

---

[1]. Ces habits leur ont valu le surnom désormais répandu dans la société israélienne d'"'hommes en noir". C'est le titre d'un excellent ouvrage sur la question, d'Ilan Greilsammer, auquel nous faisons souvent référence dans ce travail.

mot hébreu utilisé[**37**]) de violer la *halakha*, et même le moindre commandement divin. Il s'agit d'une "attitude générale et permanente de crainte"[**37**]. Cette nécessité absolue d'observer les commandements divins, qui se traduit de manière très concrète dans la vie quotidienne, ne peut se faire de manière individuelle, mais nécessite un cadre communautaire inclusif, ce que nous verrons dans la section 3.2.

De plus, la pratique de la loi se complète par une étude, parfois poussée tout au long d'une vie, des textes des Sages. Il ne s'agit pas ici de la Torah, des récits bibliques, mais des commentaires du Talmud, la "loi orale". Les ultra-orthodoxes aspirent à une vie d'étude, avec les conséquences que cela implique en matière de dépendance financière. Aussi le système des *yeshivot* a-t-il vocation, pour les *haredim,* à être étendu au maximum, en même temps qu'est promue l'étude des textes sacrés dans les communautés juives.

En résumé, la vie d'un *haredi* est gouvernée par deux principes traditionnels : "Ce que dit la Torah "(*Daat Torah*) et "La foi dans les Sages" (*Emounat Khakhamim*). Nous l'avons vu, chaque croyant est guidé par un référent spirituel, de la même manière que la communauté est guidée par un ou plusieurs rabbins. Leur degré supérieur de connaissance et de piété interdit que l'on remette en question l'autorité ou le commandement d'un Sage ; ce serait remettre en cause l'autorité de Dieu même.

3.1.2. La diabolisation de la société moderne. Les *haredim* entretiennent des représentations effrayantes de la société "extérieure", c'est-à-dire de la société israélienne : Juifs apostats, brisant les règles de pureté alimentaire, indécents et débauchés, en proie à toutes les perversions, etc.[**37, 44**] Plus largement, le monde moderne est perçu comme fondamentalement dangereux et hostile, la technique et le progrès scientifique eux-mêmes sont considérés comme menaçants. Les ultra-orthodoxes juifs vont sur ce point plus loin que la plupart des fondamentalismes présents dans les autres religions. Toutefois, ils acceptent la technique dans certains domaines : hôpitaux, ordinateurs, transports et communication, etc.[**37**]

Ainsi, c'est une véritable "mémoire collective"[**37**] que se sont forgées les communautés ultra-orthodoxes, qui désigne l'ennemi à des générations de jeunes *haredim* : le socialisme sioniste, le kibboutz. Dès le début des années 1950, les Juifs orthodoxes, horrifiés, apprennent qu'on force les enfants orphelins de la Shoah à consommer de la nourriture non-casher, à ne plus pratiquer des commandements, etc.

> "C'est une cicatrice historique qui marquera deux générations de *haredim*, qui se raconteront des histoires infernales de livres sacrés trouvés en lambeaux dans des clapiers à lapin, de douches communes où jeunes filles et garçons des kibboutzim se lavent ensemble, d'immigrants forcés à manger du porc, etc."[37]

Cette mémoire collective, faite de diabolisation de la société, n'est pas sans conséquence en ce qui concerne les relations des ultra-orthodoxes à la société israélienne, et en particulier aux Juifs des *kibboutzim*. Le vieil antagonisme demeure et exacerbe la peur du péché des communautés *haredim*, les incitant à demeurer dans les *ghettos* autoconstitués.

3.2. Les ultra-orthodoxes, une société dans la société

> "Une des caractéristiques fondamentales de la population *haredi* en Israël, qui la distingue de toute autre population intégriste, est son choix de l'isolement. Certes, toute population fondamentaliste a une tendance à l'autarcie, [...] [m]ais pour les intégristes juifs, cela va beaucoup plus loin car cette population ne se sépare pas seulement des autres sur le plan idéologique [...]. Elle se sépare également sur le plan physique et géographique."[37]

C'est ainsi qu'Ilan Greilsammer décrit la mise à l'écart volontaire de la société que connaissent les ultra-orthodoxes. Nous verrons dans cette partie comment les revendications des *haredim* se traduisent par une "contre-société"[37], une société dans la société.

3.2.1. Un séparatisme spatial.
Les communautés *haredi* présentent une organisation interne qui les sépare en partie de la société israélienne "classique".[23] Ces communautés affichent une volonté séparatiste et entendent mener une vie centrée sur l'étude de la Torah et l'observance des *mitzvot*, ce qui implique un retrait du monde moderne.

Sans être un rejet complet de la modernité, à l'image de certaines sectes protestantes américaines, c'est une attitude de méfiance profonde à son égard, que cultivent les *haredim*. A la différence des conservateurs et des néo-orthodoxes, ils considèrent que la modernité ne peut être assumée par des tenants fidèles du judaïsme, et que le monde moderne est un sujet perpétuel de tentations.

Ainsi se développe une vie à part, dans certains quartiers haredi. Comme de nombreux témoignages l'indiquent, les communautés ultra-orthodoxes suivent une stratégie immobilière assumée,[29, 30] visant à s'assurer le contrôle de certains quartiers, sans toutefois d'autres visées que de pouvoir vivre de manière séparée, afin de garder pure leur pratique de la religion. C'est ainsi que le rachat d'un appartement dans une rue par une "famille en noir", selon l'expression consacrée à Jérusalem, suffit à faire baisser les prix de l'immobilier dans toute la rue. Ainsi se créent, dans certains quartiers de Jérusalem ou dans des villes entières -pensons à Bné Brak-, des poches ultra-orthodoxes où la tradition et les *mitzvot* sont appliquées dans leur intégralité. Ces poches, nous y reviendrons au chapitre 5, présentent des caractéristiques sociales particulières, pauvreté, démographie élevée, fort taux de chômage, etc. qui contribuent à les tenir à l'écart de la société israélienne.

3.2.2. Un contre-modèle familial. Les familles *haredim* se distinguent également du reste de la société israélienne par un modèle familial qui reste inchangé par la modernité. Si la société israélienne dans son ensemble reste plus conservatrice en matière familiale que la moyenne des pays occidentaux, le modèle prôné par les *haredim* n'en détonne pas moins. La natalité des communautés ultra-orthodoxes est très forte, le contrôle des naissances découragé par des motifs religieux, l'âge du mariage est très bas, le célibat vécu comme une situation infâmante. En moyenne, une famille ultra-orthodoxe compte entre 5 et 10 enfants.[37, 53]

Il s'est ainsi mis en place un véritable "fossé démographique"[37] entre les ultra-orthodoxes et le reste de la société juive israélienne. Si les *olim* séfarades des premiers temps de l'Etat d'Israël avaient une natalité proche de celle des *haredim* (environ 6 enfants par femme), leur modèle familial s'est rapidement aligné sur le standard occidental, en vigueur dans la plupart des familles askhénazes. Aussi est-on confronté, si l'on laisse la question des populations arabes israéliennes de côté, à l'affrontement de deux modèles familiaux et démographiques.

3.3. Les mouvements ultra-orthodoxes exacerbent les tensions sociales préexistantes

Nous dirons, en conclusion de cette première partie sur l'histoire et les caractéristiques des courants *haredim* en Israël, que les ultra-orthodoxes nous apparaissent dès à présent comme un facteur d'aggravation des tensions.

Là où pré-existent les tensions sociales, les communautés *haredi*, par leur organisation spatiale en ghetto, par l'afflux d'aide étatique vers les *yeshivot*, par le refus de servir sous les drapeaux, agissent comme un détonateur. Là où pré-existent les tensions entre post-sionistes et anti-sionistes, les manifestations radicales des *haredim*, ou l'agressivité ultra-nationaliste des *dati-leoumi* ne peuvent qu'aggraver les troubles d'une société israélienne qui ne sait plus comment se penser. Là enfin où pré-existent les tensions entre religieux et laïques, qui minent l'histoire de l'Etat d'Israël depuis sa création, les revendications religieuses des ultra-orthodoxes ne peuvent manquer d'instaurer un malaise durable.

Pour autant, nous ne connaissons pas encore l'influence qu'ont les communautés ultra-orthodoxes sur le jeu politique interne en Israël. Quelle est la nature de leur participation, ou de leur non-participation, au jeu politique ? Quelles sont leurs stratégies et comment les mettent-elles en place ? Comment leur présence change-t-elle le jeu des autres acteurs ? Ce sont ces éléments que nous aborderons dans la partie suivante : l'influence du phénomène ultra-orthodoxe dans la politique intérieure israélienne.

Deuxième partie

L'influence du phénomène ultra-orthodoxe dans la politique intérieure israélienne ne cesse de croître

CHAPITRE 4

Les partis politiques ultra-orthodoxes, des partenaires indispensables des coalitions parlementaires [1]

La force de la communauté ultra-orthodoxe en Israël réside en grande partie dans le poids important qu'elle a en politique intérieure. Pour bien comprendre le débat, nous nous efforcerons d'étudier comment les *haredim* s'organisent politiquement, puis nous analyserons en détail la fracture qui les sépare des laïques israéliens, pour enfin nous demander s'ils représentent un "péril " interne pour la société israélienne.

4.1. Les partis *haredim*, des acteurs à part entière du système politique israélien

4.1.1. Le système proportionnel israélien.
Israël est, à bien des égards, considéré comme la démocratie poussée à ses extrêmes, et cela s'explique par un système électoral de scrutin proportionnel, où le pays tout entier représente une seule circonscription. Le nombre de sièges que les partis obtiennent à la Knesset, le parlement israélien, dépend du pourcentage de votes obtenu. On vote pour un parti, et non pour un député en particulier. La seule limite est qu'il faut tout de même obtenir 1,5% des voix pour pouvoir obtenir un siège, nouveau seuil qui fut augmenté après d'âpres débats pour l'élection de la 13ème Knesset en 1992 (auparavant, le seuil minimum était de 1%)[4].

En 1985, la Knesset adopte un amendement qui empêche les partis prônant le racisme de se présenter. En 1992, la "loi des Partis" impose de plus que les candidats soient "enregistrés", ce qui ajoute un léger filtre. La Knesset est composée de 120 députés élus pour un

---

1. Ce chapitre et les deux suivants sont rédigés par Juliette Simonin.

mandat de quatre ans. Israël est un pays sans constitution, dont les fondements légaux sont ce qu'on appelle les "lois fondamentales". En 1948, la première Knesset devait être une assemblée constituante mais aucun accord ne fut trouvé.

En effet, comment concilier la vision des sionistes, qui veulent inscrire les Droits de l'Homme dans la constitution, et celle des partis religieux, qui refusent qu'une loi humaine régisse leur vie et se trouve placée au-dessus de la Torah ? Pour dépasser ce dilemme, on procède au vote de « lois fondamentales » par 61 députés au moins de la Knesset (selon la résolution Harari de 1950) qui ont toutes les prérogatives d'amendements d'une constitution, mais qui ne viennent pas remplacer la loi divine dans l'esprit *haredi*. Il apparaît clairement que les tensions entre velléités théocratiques et volontés démocratiques sont dès le départ un obstacle au choix d'un modèle déjà existant (démocratie, théocratie ou autre), ce qui explique qu'Israël soit considéré par de nombreux observateurs comme un Etat "concordataire"[42] *sui generis*[23].

4.1.2. Israël, Etat juif et démocratique. La formule "Israël, Etat juif et démocratique" (que certains veulent d'ailleurs inscrire plutôt comme "Etat démocratique et juif") résume l'ambiguïté de la situation. La résolution 3375 de l'ONU de 1975 assimilant le sionisme à une forme de racisme, ou encore plus récemment les manifestations antisionistes à la Conférence Internationale sur le Racisme de Durban en 2001, montrent l'amalgame qui se fait dans l'esprit du grand public entre la religion juive, le sionisme et l'Etat d'Israël .

Il faut dire que les élus israéliens sont les premiers à renforcer ce malentendu, n'hésitant pas à utiliser des références bibliques dans leurs discours pour motiver les foules. Yitzhak Rabin en était particulièrement friand, à la fois pour s'adresser à la nation israélienne mais aussi pour ses discours internationaux comme l'a très bien montré son discours à l'Assemblée Générale de l'ONU pour le cinquantième anniversaire de cette institution, dans lequel il cite des paroles du prophète Isaïe.

En 1947, Ben Gourion est le premier à faire le choix d'un compromis qui permet de « satisfaire » tous les acteurs : pour assurer la création de l'Etat israélien, que l'ONU ne saurait reconnaître si les principes fondamentaux des Droits de l'Homme n'y sont pas établis, on fait le choix d'un système démocratique. En parallèle, on discute dans l'ombre avec les ultra-religieux afin qu'ils ne s'opposent pas au projet. C'est ainsi qu'est rédigée la fameuse lettre du « *statu quo* » [2], le 19 juin 1947, signée par Ben Gourion (alors dirigeant de l'Agence Juive), par le rabbin Fishman, porte-parole des sionistes religieux, et par Gruenbaum (leader sioniste, futur ministre de l'Intérieur de l'Etat d'Israël).

Cette lettre assure aux religieux que les questions concernant la vie personnelle des Juifs relèveront encore des tribunaux rabbiniques, que le shabbat et les fêtes juives seront fériés, que le régime alimentaire casher sera respecté et que le système éducatif ultra-orthodoxe restera indépendant.[37] Ces concessions aux ultra-orthodoxes de la part des laïques ne sont que les premières d'une longue série.

Il convient de noter aussi que dans la déclaration d'indépendance de 1948[3], les principes fondamentaux de la Charte des Nations Unis sont rappelés, mais des allusions religieuses très judicieuses sont faites par l'emploi du terme *Tsour Israël* (le Rocher d'Israël), par la référence à la Palestine comme lieu de rédaction de la Bible, comme dénominateur commun de l'identité juive, par le rappel des prophètes d'Israël et par la mise en avant du rêve religieux d'obtenir enfin la " Rédemption" promise du peuple.

4.1.3. Les partis religieux prennent part à la démocratie.

Les ultra-orthodoxes ont vite compris que, s'ils voulaient parvenir à faire entendre leurs volontés dans ce nouvel Etat juif, il leur fallait prendre part à la démocratie et même utiliser ce système à leur avantage. Ainsi, il convient de noter deux traits saillants de la démocratie israélienne : les Premiers ministres israéliens sont contraints de faire des concessions aux partis ultra-orthodoxes pour obtenir la majorité à l'assemblée et ces derniers empêchent toute remise en question du système électoral actuel.

Sur le premier point, un exemple est fréquemment utilisé, qui prouve la force et l'influence des *haredim* : tout Premier ministre nouvellement élu se doit d'aller rendre visite aux grands rabbins du monde *haredi* au moment des élections et d'aller faire une prière au Mur des

---

2. Voir en annexe.
3. *Idem.*

Lamentations : c'est d'ailleurs lui qui se déplace et non les Sages. Un manque à cette tradition peut être fatal, comme a pu le constater Golda Meir, très critiquée après la réponse qu'elle donna à la question de savoir si elle croyait en Dieu : « Je crois au peuple juif, et le peuple juif croit en Dieu ».

Sur le second point, on constate que le système démocratique israélien est quasiment impossible à réformer, cela en grande partie à cause de la force que représentent les partis religieux. La seule réforme électorale de 1992, qui devait élever le seuil minimal d'obtention d'un siège à la Knesset, s'est vue négociée et renégociée à tel point qu'elle a paradoxalement abouti à renforcer l'emprise des petits partis. En effet, le seuil est passé à 1,5%, soit une hausse minime, sachant par ailleurs que le choix du Premier ministre a été confié au suffrage universel. Certes, ce dernier appartient donc désormais nécessairement à l'un des trois grands partis (Likoud, Parti Travailliste ou Kadima), mais les électeurs ont d'autant moins de scrupules à voter pour des petits partis lors des élections parlementaires.

Comme le font remarquer Amnon Raz Krakotzkin et Zvi Ben-Dor :

> "le changement de système électoral permet de partager son vote entre un candidat "politique" au poste de Premier ministre et un parti "sociologique" au Parlement."[49]

Dès lors, la pression des petits partis, dont les partis ultra-orthodoxes, pour rester au pouvoir est d'autant plus forte qu'ils ont plus de sièges. Dans cette configuration, le Premier ministre tirant également sa légitimité d'un parlement qui le soutient, toute réforme du système parlementaire devient très difficile à mettre en place.

4.2. Les principaux partis politiques *haredim* revendiquent l'application des principes de la Torah en terre d'Israël

La démocratie israélienne tourne actuellement autour de trois grands partis, qui sont le Parti Travailliste (historiquement le Mapaï qui change de nom en 1968, parti de centre-gauche), le Likoud (parti politique sioniste à tendance nationaliste, centre droit) et Kadima (créé par Ariel Sharon en 2005, parti centriste qui a pris beaucoup de ses électeurs au Parti Travailliste, comme le montrent les résultats des élections de 2009). Face à ces grands partis, il existe de nombreux

4.2. LES REVENDICATIONS RELIGIEUSES DES PARTIS *HAREDIM*

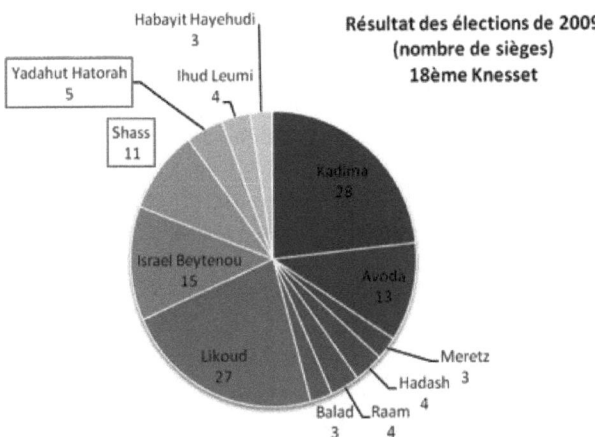

FIGURE 4.2.1. La composition actuelle de la Knesset

petits partis d'extrême-gauche, d'extrême-droite et des partis ultra-religieux. C'est sur ces derniers, qui se veulent les garants de la défense des traditions juives et de la loi divine, que nous allons nous pencher dans le cadre de notre étude.

On se reportera à la figure 4.2.1 en page 51, qui présente la composition actuelle de la Knesset, suite aux élections parlementaires de 2009. Les sièges des députés *haredim* sont encadrés en rouge.

4.2.1. Les principaux partis *haredim*. Lorsqu'on s'intéresse aux partis ultra-religieux israéliens, il convient tout d'abord de rappeler que leurs députés sont tous des rabbins et que leur intérêt réside avant tout dans les questions religieuses, même s'ils sont aussi amenés à réfléchir sur des thèmes plus séculiers. Le premier parti *haredi* à mentionner est sans conteste l'Agoudat Israël.

4.2.1.1. Le parti Agoudat Israël. Créé en 1912, c'est un parti qui rassemble les ultra-orthodoxes *hassidim* ashkénazes, à l'origine ceux de Katowice en Haute-Silésie. International, il a des antennes dans le monde entier (les plus importantes étant aux Etats-Unis et en Europe) et se nomme hors des frontières israéliennes, le *World Agudhat Israël Foundation*. A l'époque de sa création, les ultra-religieux se rassemblent pour contester l'influence grandissante du mouvement sioniste, qui pour eux n'est autre qu'une hérésie (ou *avoda zara* : culte du faux dieu).

En 1922 est créée sa branche à tendance socialiste : le Poalei Agoudat Israël, qui promeut l'établissement de *kibboutzim* et de *moshavim* en Palestine mandataire. Dans les années 1930, l'Agoudat Israël, sous l'impulsion de ses membres résidant en Palestine mandataire, se rapproche du mouvement sioniste. Cela provoque alors une scission avec certains membres qui créent une communauté extrémiste à part : la Edah Haredit, qui existe toujours et qui refuse de reconnaître l'Etat juif. Au sein de l'Agoudat Israël, les décisions sont prises par un conseil de rabbins (appelé Conseil des Grands de la Torah) qui dicte la politique des députés.

Composé de douze ou treize rabbins dont les deux principaux maîtres sont issus des communautés *hassidim* Gour et Vishnitz, le Conseil des Grands de la Torah ne se réunit pas de façon périodique mais lorsque les Grands le jugent nécessaire ou à la demande des députés. Il n'y a pas vraiment d'ordre du jour, les tensions entre les rabbins sont fréquentes, et les réponses données aux requêtes des députés sont exprimées dans un langage parabolique et abscons. On est donc loin d'un fonctionnement traditionnel pour un parti politique.

Néanmoins, le Conseil des Grands de la Torah est à l'origine des résultats électoraux du parti puisque les ultra-orthodoxes votent selon les conseils des rabbins qui les guident dans tous les aspects de leur vie.

4.2.1.2. *Le parti Degel Hatora.* Le Degel Hatora (Drapeau de la Torah) est un parti fondé en 1988 par le rav Schach (*mitnagdim*) qui se sépara de l'Agoudat Israël en grande partie pour cause de rivalité avec le rabbin Schneerson de New York. En effet, ce dernier, guide des Loubavitch du mouvement Habad soutenait fermement l'Agoudat Israël. Grand chef spirituel en Israël, le rav Schach rassembla dans ce parti les ultra-orthodoxes non *hassidim* du mouvement ashkénaze. Il possède un Conseil des Grands de la Torah comprenant dix à douze rabbins, qui fonctionne sur le même système que celui de l'Agoudat Israël.

Aujourd'hui, oubliant les querelles intestines passées, l'Agoudat Israël a rejoint le parti Degel Hatora (depuis 1990) pour former une coalition appelée *Yahadut Hatorah* (Judaïsme Unifié de la Torah).

4.2.1.3. Le parti Shass.

Le parti Shass (Séfarades observant la Torah), deuxième grand parti ultra-orthodoxe d'Israël aujourd'hui avec le Yahadut Hatorah, fut lui aussi fondé par le rav Schach avec l'implication du rav Yosef en 1984. Ses électeurs sont principalement les ultra-orthodoxes séfarades, mais pas seulement. En effet, le Shass attire aussi des électeurs séfarades qui ne sont pas ultra-orthodoxes mais qui ont trouvé dans le Shass un moyen de s'exprimer face à l'omniprésence historique au pouvoir des ashkénazes.

Le Shass est particulièrement actif en termes d'aide sociale, et sa mobilisation caritative n'est pas sans rappeler celle des Frères Musulmans en Egypte. En 2010, le Shass a fait la demande de rejoindre l'Organisation Sioniste Mondiale car il représente des "Juifs qui aiment Israël" (Yaakov Margi[4]).

Au sein du Shass, ce sont aussi des rabbins qui donnent les lignes directrices des politiques à promouvoir, selon le même principe que pour les partis évoqués précédemment, mais ils ne sont qu'entre trois et cinq et forment le Conseil des Sages de la Torah.

4.2.1.4. Le parti Habayit Hayehudi.

Il convient de noter qu'il existe un parti sioniste religieux (anciennement Mafdal ou Parti National Religieux (PNR)) dissous en 2008 pour être reformé sous le nom de *Habayit Hayehudi* (la "maison juive"). Créé en 1956, il est très proche du mouvement *Goush Emounim* qui revendique l'implantation de colonies juives sur tout le territoire d'Eretz Israël, au titre que la Bible a donné aux Juifs la Samarie, la Judée et la Cisjordanie sur les deux rives.

Bien que ce parti soit proche du Likoud et ne représente pas les ultra-orthodoxes, il n'empêche qu'il souhaite maintenir le poids de la religion au sein de l'Etat d'Israël et vote donc souvent à la Knesset comme les partis ultra-religieux. Tous ces partis ont des revendications tout à fait claires en ce qui concerne la politique intérieure d'Israël. Depuis

---

4. Yaakov Margi est un homme politique israélien du Shass, membre de la Knesset et actuellement ministre des Services religieux du gouvernement de M. Netanyahou.

1948 et la mise en place du fameux *statu quo*, ils s'efforcent de le faire respecter et d'étendre leur influence et leurs droits dès que l'occasion se présente.

4.2.2. Les rapports de force entre laïques et religieux.

Le jeu politique provoque un véritable rapport de force entre les laïques et les ultra-orthodoxes sur certains points concernant la vie en Israël. En premier lieu, les ultra-orthodoxes veulent pouvoir observer leurs rites comme ils le souhaitent et de préférence s'assurer que les autres Juifs font de même, selon le principe biblique de la "garantie mutuelle" qui entraîne le châtiment de tout le peuple pour la faute d'un des membres ("un Juif qui pêche entraîne l'autre dans sa faute"). Voici quelques exemples-clés.

4.2.2.1. Indépendance des haredim.

L'observance du shabbat, l'absence d'élevages d'animaux impurs (de porcs, en particulier) en Eretz Israël et le régime alimentaire casher sont pour eux d'une importance primordiale. De plus, ils ont leur propre système d'éducation, qui est essentiellement centré sur l'étude de la Torah et des 613 *mitzvot* avec quelques enseignements généralistes variant selon les *yeshivot*. Les *haredim* veulent pouvoir garder cette indépendance.

4.2.2.2. Refus du service militaire.

Par ailleurs, ils ne souhaitent pas participer à l'effort de guerre de Tsahal[5] et sont exemptés du service militaire obligatoire pour les Israéliens selon la loi Tal, qui expire en août 2012, bien que cette prérogative soit en train d'être remise en question depuis février 2012 par la Cour Suprême israélienne.

Les raisons invoquées diffèrent selon le sexe des jeunes. Pour les hommes, il s'agit d'une vision "a-militariste"[37] et d'un refus de nationalisme, servir l'Etat d'Israël s'apparentant au culte d'un faux dieu. Selon les ultra-orthodoxes, les jeunes gens étudiant dans les *yeshivot* défendent eux aussi la terre d'Israël en priant pour leur peuple, en assurant la continuité de la tradition du peuple juif et en montrant l'exemple d'une vie pieuse.

Quant à la participation des jeunes filles, elle est impensable pour les *haredim* car ces dernières ne doivent pas être mêlées à la mixité, et

---

5. Tsahal est le nom donné à l'armée israélienne.

l'armée risquerait de les détourner du droit chemin (le rav Kook parlait même de "lieu de prostitution" pour désigner Tsahal, à l'idée que de jeunes juives ultra-orthodoxes soient appelées à faire leur service militaire).

4.2.2.3. La question de la loi du retour.
L'intransigeance des ultra-orthodoxes a des conséquences importantes quant à l'application de la "loi du retour" de 1950 ou loi de l'*alyah*. Cette dernière dispose : "est Juif quiconque est né de mère juive, ou s'est converti et n'appartient pas à une autre religion". Or, les convertis des mouvements juifs *reform* et *conservative* aux Etats-Unis, en particulier, ne sont pas considérés comme réellement convertis par les rabbins ultra-orthodoxes : peuvent-ils alors prétendre à la nationalité israélienne ? Cela donne lieu à un vrai bras-de-fer entre le gouvernement et la communauté *haredi*.

4.2.2.4. Un bras de fer avec le gouvernement.
Une autre revendication est celle de l'interdiction des autopsies dans le système médical israélien : le corps humain appartient à Dieu et non à l'homme, ce n'est pas à ce dernier d'essayer de trouver les causes d'une mort en désacralisant le corps du défunt. Par ailleurs, l'avortement ne saurait être autorisé, suivant le principe de respect de la vie. En ce qui concerne la vie personnelle des Juifs, mariage, divorce et autres, elle doit rester régie par les tribunaux rabbiniques ultra-orthodoxes et seulement par eux.

Enfin, un autre point d'achoppement est la question des fouilles archéologiques que les gouvernements israéliens ont parfois encouragées pour pouvoir justifier des annexions territoriales selon le principe qu'Israël avait simplement récupéré une terre ayant déjà appartenu au peuple juif. Or, pour les *haredim*, les fouilles doivent être empêchées si on risque de profaner un cimetière juif et l'arrêt de la recherche doit avoir lieu dès le premier moment de doute, ce qui n'a pas toujours été appliqué.

A première lecture, ces revendications paraissent très spécifiques par rapport à tout ce dont traite la politique intérieure d'un Etat. Néanmoins, elles sont sources de tensions quotidiennes en Israël entre les laïques, les croyants d'autres cultes et les ultra-orthodoxes, les premiers voyant dans l'application de ces revendications une intrusion dans leur vie privée et un non-respect de la proclamation d'indépendance de l'Etat d'Israël, qui garantit le respect des principes de la Charte des Nations Unies.

4.3. Les partis *haredim* sont convoités et analysent pragmatiquement l'échiquier politique

Alors que l'opposition au sionisme avait été la motivation du premier parti ultra-religieux qu'est l'Agoudat Israël, la naissance de l'Etat d'Israël est un fait que les *haredim* sont forcés d'accepter. Dès lors, on peut constater qu'ils ont fait leur le jeu politique de la démocratie, allant voter en masse en suivant à la lettre les consignes des rabbins.

Représentant une part non négligeable de l'électorat, ils sont convoités par les grands partis politiques : Parti Travailliste, Likoud et Kadima. A la naissance de l'Etat d'Israël, le parti Agoudat Israël fut assez effacé dans la politique israélienne, sauf lorsqu'il s'agissait de religion. Là-dessus, il est même en quasi-compétition avec le PNR, qui veut se montrer ferme sur ces questions.

4.3.1. Vigilance des *haredim* sur certains sujets.
Agoudat Israël est particulièrement attentif à deux problèmes : tout d'abord l'arrivée massive d'immigrants vers Israël, que l'Etat tente de transformer en *hofchim* (hommes libres) selon l'idéologie sioniste et qui sont alors des Juifs « perdus », pour les ultra-orthodoxes. S'ensuit une bataille de l'ombre dans les camps de réfugiés entre sionistes laïques et *haredim*, chacun tentant de rallier des voix.

Ensuite, l'Agoudat Israël s'assure de la bonne application des promesses faites dans la lettre de « statu quo », qui fondamentalement n'est qu'un engagement écrit sans valeur exécutoire en termes juridiques. Une querelle concernant la participation obligatoire des filles à la conscription dans les années 1950 marque le début d'une montée de l'opposition venue du parti Agoudat Israël qui devient alors hostile au Parti Travailliste [6]. De plus, l'année 1949 voit le vote de la loi sur l'éducation, qui devient gratuite et obligatoire pour tous. Même si les *haredim* conservent leur marge de manœuvre pour éduquer selon leurs principes leurs enfants, ils y voient une volonté d'ingérence de l'Etat.

---

6. Pour plus de détails, voir GREILSAMMER, *Les hommes en noir*[37].

Les ultra-orthodoxes ont l'impression qu'ils peuvent être trahis sur des sujets qui semblaient acquis aux termes de la lettre de *statu quo*, et ils s'engagent donc progressivement en politique cherchant à obtenir des portefeuilles ministériels, d'autant que le Parti Travailliste et le Likoud ont besoin de voix. Les *haredim* comprennent assez rapidement l'intérêt de l' « Etat providence » pour leur cause. Ayant de nombreux enfants, ils utilisent les aides pour familles nombreuses afin de vivre de façon encore plus intense leur foi. Ainsi, grâce aux largesses du parti Travailliste puis du Likoud, la communauté des *haredim* en Israël s'est transformée en se radicalisant entre 1950 et les années actuelles.

Gorenberg montre combien les directives du rabbi Karelitz ont influencé la situation actuelle des *haredim* et leur "ghettoïsation"[35]. En effet, ce rabbin a proposé un modèle de vie familiale fondé sur des études poussées de la Torah par les hommes, qui restent dans des *kollel* à étudier même lorsqu'ils sont mariés alors que leurs épouses, pour la plupart institutrices pour les *yeshivot*, subviennent aux besoins de la famille. Cela marque un changement radical avec les années 1950 lorsque la société israélienne *haredi* ressemblait fort aux sociétés de la diaspora new yorkaise ou londonienne actuelles, en ce que les hommes travaillaient pour gagner leur vie (*"It was a normal working society"* selon le sociologue Menachem Friedman de l'université Bar Ilan[36]).

L'idéal de famille nombreuse (qui vient d'un impératif biblique "Croissez et multipliez-vous, remplissez la terre et dominez sur elle " selon le livre de la Genèse), les aides accordées par l'Etat d'Israël et le système politique israélien, à l'instigation des députés *haredim*, expliquent dans une large partie ce changement. Ainsi, entre 1951 et 1981 l'âge moyen du mariage pour les hommes *haredim* est passé de 27 ans à 21 ans et demi et il n'est pas rare pour une femme de se marier avant 20 ans.[35]

4.3.2. Stratégies ministérielles des *haredim*. Comment les *haredim* sont-ils parvenus à s'imposer ? Tout d'abord, force est de constater qu'à partir des années 1960, les partis ultra-orthodoxes s'organisent et décident de briguer des portefeuilles, quand bien même ceux-ci ne toucheraient pas vraiment à la religion ou à leurs centres d'intérêt primordiaux. De nombreux observateurs ont ainsi raillé la nomination du député *haredi* Pinhassi en 1990 au ministère des Communications, quand on sait ce que pense la communauté *haredi* de la télévision.

Les *haredim* ont en vue des portefeuilles ministériels bien précis. Greilsammer présente ainsi une liste détaillée de six portefeuilles que les partis *haredim* cherche à obtenir car ils sont les plus utiles pour leur cause : il s'agit de l'Education, du Logement, du Travail et Affaires Sociales, du ministère de l'Intérieur, du ministère des Cultes et du ministère de la Santé.[37]

Bien qu'ayant rarement accès à ces portefeuilles, les partis ultra-orthodoxes tirent leur épingle du jeu car la nécessité pour le Premier ministre de s'assurer d'une coalition à la Knesset fait que le parti qui veut obtenir la majorité se doit de « remercier » ses alliés en leur donnant des postes clés ou en créant des fonctions. Ran Halévi va jusqu'à parler d' « inflation ministérielle d'emplois fictifs »[42], concept qui permet aux députés *haredim* de négocier en coulisse ce qu'ils recherchent. Les partis ultra-orthodoxes jouent avec les rapports de force entre les deux grands partis, car ils savent qu'une fois entrés dans la dynamique politique, ils pourront faire valoir leurs intérêts, et ce en particulier à cause du système quasi « clientéliste »[37] en vigueur en Israël : c'est directement aux députés *haredim* que l'on donne les fonds que ces derniers vont ensuite redistribuer dans leur communauté.

4.3.3. Un électorat convoité, à la participation massive.

Dès lors, la communauté ultra-orthodoxe sait combien elle est redevable à ses députés et vote massivement, comme un seul homme et sans absentéisme aux élections, ce qui renforce le poids des partis *haredim* pour le Likoud, le Parti Travailliste et Kadima : si les rabbins abondent dans leur sens, un poids conséquent d'électeurs leur est assuré. Aucun des trois principaux partis n'est moins coupable que les autres dans sa stratégie de conquête des électeurs *haredim*.[7]

Ainsi, si Pérès (Parti Travailliste) attaque Shamir (Likoud) frontalement à la Knesset en 1988 en ces termes :

---

7. Il est juste de constater que nous manquons de recul sur le parti Kadima, créé en novembre 2005 ; il est toutefois fort improbable qu'il néglige une force politique de cette importance.

« Tout le monde sait *qui* a constitué ce gouvernement et grâce à « qui » vous avez le pouvoir ! Non, ce n'est pas vous qui avez conquis le pouvoir, *quelqu'un* vous l'a donné »

il est ironique de lire que, peu de temps avant les élections, Abba Eban, ministre du parti Travailliste, critiquait en ces termes son parti :

« Le problème est que le Mapaï puis le Parti Travailliste ont trop forcé sur le pragmatisme. Le gouvernement avait besoin des voix religieuses, et on a distribué des choses d'une façon qui aurait dû choquer n'importe quel libéral authentique ».

4.3.4. Renversement relatif des alliances. La guerre des Six Jours en 1967 marque un tournant dans les relations entre l'Etat et la communauté *haredi* : les ultra-orthodoxes voient dans la victoire rapide et inespérée d'Israël la marque de la main divine. Dès lors, ils sont poussés par la volonté d'aller fonder des colonies dans les territoires nouvellement conquis et l'on assiste à des situations quelque peu surprenantes où sionistes laïques et *haredim* se côtoient dans la plus pure entente.

Le cas de la colonie Immanuel en est un exemple flagrant : des "faucons" laïques cohabitent avec les *haredim* car les deux communautés se retrouvent pour dire que cette terre est juive et ne doit donc pas repasser aux mains des Palestiniens. Or, en termes électoraux, cela montre bien que les *haredim* cherchent à intégrer les arcanes du pouvoir, non plus seulement pour défendre leurs revendications religieuses, mais aussi en tant que colons. Alors que des rétrocessions de territoires sont accordées lors d'accords de paix qui se profilent, les *haredim* sont d'autant plus motivés pour faire valoir leurs intérêts auprès de dirigeants qui garantiront leur sécurité dans les colonies et la conservation de l'intégrité d'Eretz Israël, ce qui a des conséquences en politique extérieure.

Les élections de 1988 transforment la vision que la société israélienne laïque avait jusque là des *haredim* : d'un phénomène de marge, ils deviennent le centre de l'attention. En effet, non seulement ils remportent leur plus grande victoire depuis la création de l'Etat d'Israël (le Shass obtient ainsi six sièges, l'Agoudat Israël cinq sièges et le Degel Hatorah deux sièges, soit ensemble 11,2% des voix) mais des querelles intestines entre les rabbins *leaders* de ces partis montrent combien le vote de cette communauté est dépendant de la volonté d'une seule personne, qui parfois ne réside même pas en territoire israélien (pensons au rabbin Schneerson des *hassidim* Loubavitch de New York qui pesa dans le vote de certains *haredim* pour l'Agoudat Israël). Les Israéliens prennent alors pleinement conscience que les partis ultra-religieux sont des forces avec lesquelles il faut compter.

Depuis la réforme électorale de 1992[8], le soutien des électeurs aux partis ultra-orthodoxes ne cesse de se réaffirmer, dû certainement à un effet pervers de la réforme électorale, mais aussi à la capacité de ces partis à être présents localement par des actions concrètes de proximité (c'est le cas en particulier du Shass avec les Juifs séfarades, qui a passé la barre des dix sièges en 1996 et n'est jamais repassé en dessous depuis, en ayant même obtenu dix-sept en 1999), au retour du religieux dans la société israélienne lié au sentiment d'une « modernité sans valeur » (syndrome commun avec les démocraties occidentales), à la croissance démographique des *haredim* et à la stratégie adaptée appliquée par les partis ultra-orthodoxes.

---

8. Pour les résultats par Knesset, voir le site http ://www.knesset.gov.il/

CHAPITRE 5

Des tensions croissantes entre *haredim* et laïques

5.1. Une coupure complexe et sélective avec la société israélienne

5.1.1. Une coupure géographique.
Les *haredim* ont leurs quartiers qu'ils considèrent comme purs, par opposition aux quartier impurs des laïques. Coupés du reste de la société, ils vivent selon leur rythme religieux. La semaine tourne autour du shabbat, véritable moment de repos. Dans un quartier *haredi*, une sirène sonne le vendredi après-midi pour le shabbat, et il ne faut avoir aucune activité jusqu'au samedi soir, ce qui inclut la circulation automobile.

Les *haredim* voient d'un mauvais oeil la présence de laïques dans leurs quartiers, même pour quelques instants. D'ailleurs, les laïques ne s'y sentent pas vraiment à leur aise car les ultra-orthodoxes les plus extrêmes n'hésitent pas à afficher des pancartes anti-sionistes. Pas d'affiches publicitaires, pas de vendeurs de journaux autres que les journaux *haredim* proprement dits (comme le très connu Yated Ne'eman pour le quartier de Bné Brak), le quartier *haredi* est à part.

De plus, hommes et femmes doivent, dans la mesure du possible, éviter de se croiser. Facebook a ainsi vu la création d'un concurrent adapté aux demandes de la société haredi : FaceGlat (« le premier réseau 100% casher »), où hommes et femmes ne peuvent devenir amis[6] !

Les *haredim* vivent avec dévotion toutes les fêtes de l'année religieuse juive selon la tradition la plus stricte (Rosh Hashana, Hanoukah, Pourim, Pessah, etc). Par contre, en ce qui concerne la fête de l'Indépendance d'Israël le 14 mai, ils sont souvent absents des festivités car ils ne se sentent pas concernés par cette fête laïque. Mais les *haredim* ne se désintéressent pas entièrement de la société israélienne.

5.1.2. Une coupure civique à relativiser.

Comme évoqué au chapitre 4, ils sont parties prenantes de la démocratie israélienne quand cela leur est profitable. Deux phénomènes concrets le prouvent :

- Tout d'abord, actuellement le maire de Jérusalem est Nir Barkat (un laïque sans étiquette, après avoir été membre du Likoud puis de Kadima) élu en 2008 avec 52% des voix contre 43% pour Uri Lupolianski, son principal rival, candidat ultra-orthodoxe du Degel Hatorah, qui avait été maire de Jérusalem de 2003 à 2008. Ainsi, les *haredim* ne s'excluent pas au point de délaisser entièrement les affaires de la ville, même si elle comprend des quartiers laïques.

- Ensuite, les *haredim* perçoivent les aides sociales familiales, c'est d'ailleurs un des points de tension avec les laïques puisqu'ils ont des familles nombreuses. Le régime social israélien est assez développé et assure à la fois des allocations pour les enfants, des allocations pour la maternité ainsi qu'un droit à un revenu minimum pour toute personne âgée de plus de vingt ans résidant en Israël depuis au moins 24 mois consécutifs ou pour un nouvel immigrant 12 mois consécutifs après la demande.[7]

La coupure des *haredim* avec les laïques est donc tout à fait réelle mais s'exprime avant tout en termes géographiques.

5.2. Au quotidien, les différences entre *haredim* et laïques se soldent parfois par des réactions de violence

Le mal-être ressenti par certains laïques israéliens face aux *haredim* provient avant tout d'une incompréhension de ce phénomène et de sa complexité. Si la ségrégation spatiale assure une certaine sérénité, les deux mondes se rencontrant le moins possible, cela n'empêche pas les confrontations ponctuelles : jets de pierre sur les voitures roulant le jour du shabbat dans les quartiers *haredim*, cocktails Molotov lancés contre l'armée près d'Hebron ou encore incendie volontaire d'un local scout dans le quartier Ramot de Jérusalem en février 2012...[43]

5.2.1. Violence et manifestations provocantes.

Les *haredim* dans leur ensemble ne sont pas compris car ils ont, vis-à-vis de certaines parties de la population, des réactions rétrogrades et humiliantes. Ainsi, alors que tous les ans a lieu une Gay Pride à Jérusalem, celle de 2006 a été marquée par la distribution par des ultra-orthodoxes de tracts offrant 20 000 shekels de récompense à "quiconque cause la mort d'une personne de Sodome et Gomorrhe".

En 1986, la "guerre des abribus" a vu la destruction des lieux où étaient affichées des publicités jugées indécentes et le phénomène ne cesse de se renforcer. A la fin des années 1990 sont apparus les bus casher où les femmes doivent voyager à l'arrière. L'affaire d'une fillette de huit ans, Tanya Rosenblit, a fait grand bruit en décembre 2011 : sortant de son école, située en bordure du quartier Beit Shemesh, elle s'était fait cracher dessus par des *haredim*, qui trouvaient à redire à son habillement.[45]

Les *haredim* dérangent aussi du fait de leurs comportements déplacés ; ils n'hésitent ainsi pas à rappeler avec légèreté au peuple juif les moments terribles de la Shoah. Le premier janvier 2012, la manifestation à Jérusalem de plusieurs centaines d'ultra-orthodoxes arborant des étoiles jaunes et vêtus d'uniformes de concentrationnaires a indigné la société israélienne dans son ensemble.[50] En fin de compte, ce qui choque le plus est sans conteste les rappels récurrents faits à l'idéologie nazie dans les confrontations internes de la société israélienne. Les laïques en viennent à décrire les *haredim* en des termes qui ne sont pas sans rappeler des écrits antisémites du vingtième siècle, alors que les ultra-orthodoxes traitent régulièrement de "nazis" les policiers de l'Etat ou brandissent des panneaux sur lesquels sont inscrits le slogan *"zionism= nazism"*.

5.2.2. Incompréhension et ressentiment.

L'incompréhension grandit, et la presse israélienne, réputée pour sa liberté d'expression, en vient à devenir elle-même violente sur le sujet. On va jusqu'à parler de *Kulturkampf*. Les deux camps se critiquent de façon virulente par articles interposés. La vision homogène qu'a le monde extérieur de la communauté *haredi* exacerbe d'autant plus les tensions. Les laïques peuvent aussi se montrer violents, comme en témoigne l'inscription "mort aux *haredim*" retrouvée sur une synagogue d'Ashdod en décembre 2011. Les Israéliens ont une peur inhérente de la guerre des frères, ou *milhemet ahim* car ils savent combien leur force réside avant tout dans leur union, dans un environnement qui leur est globalement hostile. Or, les ultra-orthodoxes ont été impliqués dans des affaires qui menacent la sécurité intérieure de l'Etat.

Ainsi, il nous est possible d'identifier deux moments de fort ressentiment entre les ultra-orthodoxes et le reste de la société israélienne :

(1) La guerre à Jérusalem en 1948 où les ultra-orthodoxes brandissent le drapeau blanc au dessus de leur quartier Mea Shearim, apparaissant comme des lâches aux yeux des nationalistes sionistes

(2) L'assassinat d'Itzhak Rabin en 1995 par Amil Ygar, jeune *haredi* qui se refuse à accepter les accords de paix signés à Camp David avec les Palestiniens

5.3. L'anti-fondamentalisme *haredi*, illustration de la montée des tensions entre laïques et ultra-orthodoxes

L'absence d'intégration des *haredim* au sein de la société israélienne et l'incompréhension qu'ils suscitent expliquent les sentiments de rejet qui animent certains laïques face à cette communauté.[1]

5.3.1. L'anti-fondamentalisme *haredi*.

Il se manifeste avant tout par une radicalisation des revendications laïques. Toute confrontation prend alors des proportions étonnantes si l'on n'a pas conscience des fractures pré-existantes. L'ouverture de bars, théâtres, cinémas ou boites de nuit les soirs de shabbat, même dans des quartiers laïques, peuvent être la source de vives tensions. A Jérusalem, on trouve ce type d'établissements principalement dans l'ouest de la ville, et pour contourner les lois qui empêchent leur ouverture pendant le shabbat, on fait travailler des *goyim* (gentils) et on accepte de ne pas obtenir de certificat casher, certains allant même jusqu'à ouvrir illégalement.[20]

Mais c'est aussi et avant tout par les associations que les laïques tentent d'informer la population et de faire valoir leurs droits. On a

---

1. Si Greilsammer parle d'anti-cléricalisme, nous préférerons employer le terme "anti-fondamentalisme *haredi*", car il nous semble hasardeux de parler de cléricalisme dans le cas d'une religion sans clergé, quand bien même Greilsammer justifie ce choix par des arguments recevables.[37]

cité dans la partie précédente des exemples d'une presse où les articles sont souvent virulents. S'y ajoute tout un ensemble d'associations qui se mobilisent, et qui utilisent le réseau international pour se faire entendre.

Ainsi, l'ONG *The Association for Civil Rights in Israel*, créée en 1972, veille au respect des Droits de l'Homme en Israël et dans les territoires occupés par des actions diverses allant de la prise de conscience pour la société aux batailles légales devant la Cour Suprême israélienne.[5] On assiste à une quasi militarisation lors de certaines manifestations pour des causes « laïques » ou « religieuses », les forces de l'ordre israéliennes étant déployées pour éviter des débordements et des heurts entre manifestants.

5.3.2. Deux exemples d'impasses sociales.

Le mariage civil. Le cas du mariage civil est particulièrement éclairant pour démontrer l'impasse dans laquelle se trouve la société israélienne aujourd'hui. De nos jours, il n'est toujours pas possible de se marier civilement en Israël ; seuls les tribunaux rabbiniques ont le pouvoir de marier un couple israélien, bien entendu si les conjoints sont tous les deux juifs. Si le couple est musulman ou chrétien, c'est à leurs autorités religieuses respectives de célébrer le mariage. Mais que dire d'un couple où les deux membres ne partagent pas la même foi, ou même d'un couple de laïques ? Certains rabbins non *haredim* proposent de célébrer des mariages dans certains cas, mais ils ne sont pas légalement reconnus par l'Etat d'Israël.

Bien évidemment, les laïques considèrent cela comme une preuve flagrante d'un déni de liberté de la part des autorités israéliennes. Les Israéliens rivalisent d'ingéniosité pour parvenir à se marier civilement, les ambassades et consulats étrangers sont pris d'assaut pour organiser des mariages civils, dès lors qu'un des conjoints peut justifier d'une nationalité autre que la nationalité israélienne. Différentes mesures visant à instituer le mariage civil ont déjà été discutées à la Knesset, et il semble, depuis mai 2011, qu'une solution de compromis ait été trouvée : ces derniers mois, une dizaine de couples ont été mariés civilement.[21] Mais les ultra-orthodoxes se sont immédiatement opposés à cette mesure et un véritable bras de fer politique est en cours. Cette impossibilité de se marier civilement - et donc de divorcer - sans passer par un tribunal rabbinique est vécue comme une grande injustice par les Israéliens qui ne comprennent pas qu'un Etat démocratique ne leur offre pas cette possibilité.

Les vols cashers. L'affaire des avions de la compagnie El-Al montre à quel point les tensions entre laïques et *haredim* peuvent affecter l'économie du pays tout entier et provoquer des dommages durables pour des tiers. En effet, la compagnie d'avions nationale El-Al subit depuis plusieurs années des boycotts voire des manifestations de la part d'*haredim* qui n'acceptent pas que l'on voyage le jour du Shabbat.[3] Dès 1982 un accord avait été trouvé pour limiter les vols nationaux ou passant par l'espace aérien israélien. Or, depuis, les *haredim* continuent de manifester leur mécontentement car selon eux El-Al devrait cesser toute activité pendant le shabbat. Mais à cause des touristes et des hommes d'affaires en Israël, désireux de voyager le vendredi après-midi et le samedi, l'application d'une telle mesure représente un vrai risque de perte de chiffre d'affaires pour la compagnie.[57]

La situation a évolué en mars 2012, ce qui indique combien les *haredim* sont aujourd'hui une force économique du fait de leur nombre : après des négociations avec les rabbins de Bné Brak, El-Al s'engage à limiter encore plus les vols en interne, offre une large gamme de produits « *haredim* » (films adaptés, repas casher) et soigne le placement des clients ultra-orthodoxes (éviter qu'un homme et une femme ne se retrouvent à côté). Certains pensent qu'El-Al finira par mettre officieusement en place des « vols casher».[54] Cela illustre toute la complexité de l'absence de choix en Israël entre une démocratie purement laïque et une théocratie.

5.3.3. La crainte d'une "coercition religieuse".

Les antifondamentalistes cherchent également à sensibiliser les citoyens aux inégalités qu'impliquent l'application des revendications *haredim*. Ainsi, que dire des musulmans ou des chrétiens vivant en Israël et qui subissent dans leur mode de vie les décisions prises par des autorités religieuses ? Les Israéliens des couches les plus populaires souffrent parfois de certains préceptes. Prenons l'exemple simple de l'arrêt des transports en commun pendant le shabbat : la frange de la population laïque ou la moins pratiquante, la plus défavorisée en souffre, ces personnes ne possédant souvent pas de véhicule personnel. Les laïques y voient une intrusion très claire dans la vie privée. La pression est telle que le terme de « coercition religieuse » est fréquemment employé dans des journaux nationaux, internationaux et sur Internet.

Les *haredim* sont donc assimilés à de nombreux problèmes, et on cherche souvent à les discréditer. Certains Israéliens vont jusqu'à voir dans tout *haredi* une personne fourbe, donneuse de leçons mais qui n'applique pas ses propres recommandations. Les laïques sont friands d'histoires impliquant des *haredim* et prouvant qu'ils sont « déséquilibrés » et que leur mode de vie ne respecte pas leurs préceptes. Les *haredim* sont considérés comme des privilégiés : ils n'ont pas à remplir leurs obligations militaires, vivent de subventions et encouragent le clientélisme chez les hommes politiques. On leur reproche également leur inculture et leur manque d'intégration dans la société, alors que seule compte pour eux l'étude des textes sacrés. En effet, selon de nombreux laïques, les *haredim* sont endoctrinés et c'est pour cela qu'ils ne sortent pas de leur monde et n'aspirent pas à la même vie que les autres Israéliens : l'esprit critique leur fait défaut puisque comme tous les fondamentalistes ils sont certains de détenir la vérité.

Les ultra-orthodoxes ne sont pas prosélytes, pourtant on les accuse toujours de voler des enfants. Le cas d'en enfant, Yossele Schumacher, a marqué les esprits dans les années 1960 : ce jeune Israélien fut retiré sans l'accord de ses parents de son foyer familial par ses grands parents *haredim hassidim* qui n'appréciaient pas de voir leur petit-fils vivre en Israël hors d'une communauté orthodoxe. L'enfant est envoyé hors d'Israël dans des *yeshivot* de la diaspora grâce à l'aide de la femme du rabbin leader du mouvement Netourei Karta, Ruth Blau. L'enfant sera rendu à ses parents deux ans plus tard mais cet exemple a été vécu comme un traumatisme par la société israélienne.

Les grands acteurs de l'anti-fondamentalisme *haredim* sont aussi les militantes des droits de la femme. Les féministes dénoncent le manque de compréhension et de considération entre les deux sexes qu'elles observent dans les communautés *haredim*. Les femmes laïques se sentent en danger face aux hommes en noir et considèrent leurs épouses comme malheureuses, subissant de nombreuses grossesses et étant placées sous la responsabilité de leur père puis de leur mari qui ne leur laissent aucune liberté.

Certains militants laïques qualifient d' "apartheid entre les sexes" la situation dans les communautés *haredim*. C'est le terme qu'utilise Anat

Hoffman, féministe et dirigeante de l'association *Women of the Wall*, qui revendique le droit pour les femmes juives de prier en bas du Mur comme le font les hommes[2]. En tant qu'active dénonciatrice de la ségrégation entre hommes et femmes en Israël, elle a d'ailleurs déjà été arrêtée en 2010 pour avoir prié avec la Torah en bas du Mur et affirme subir des pressions de la part de certains religieux.[10]

CHAPITRE 6

Les *haredim*, un péril pour la cohésion de l'Etat d'Israël ?

6.1. Explosion démographique et "renouveau du religieux" : deux facteurs de puissance *haredi*m

Avec un taux de natalité d'environ sept enfants par femme, les *haredim* vont à l'encontre de l'évolution de l'ensemble de la société israélienne, dans laquelle le taux de fécondité est d'environ deux enfants par femme, dans la moyenne de la plupart des sociétés occidentales. Par la force des choses, ils représentent une fraction de plus en plus importante de la société israélienne : entre 5% et 10% selon les sondages (soit entre 450 000 et 900 000 personnes), en fonction de la définition que l'on donne au mot *haredi*. Pour notre part, nous estimons leur poids dans la société israélienne à environ 9%. Le tableau 1 en page 70 présente les résultats d'un sondage réalisé par le Jerusalem Post[8] en décembre 2003 et janvier 2004.

6.1.1. L'immigration laïque. Il nous paraît intéressant de nous pencher sur la question de l'immigration qui semble plutôt être orthodoxe moderne ou laïque qu'*haredi*. Elle est en hausse depuis 2010, certainement du fait de la crise économique mondiale, sans compter la volonté de rejoindre la cause du peuple israélien. Ainsi, pendant l'année juive de 2010, 17 880 personnes ont immigré en Israël selon Le Figaro.[11] Mais peut-on pour autant estimer que ce phénomène est suffisant pour contrer la croissance *haredi* au sein de la population juive ?

Tout d'abord, il faut bien entendu prendre en compte les départs du pays. Or, depuis 2008, Israël affiche un solde migratoire proche

TABLE 1. Les *haredim* dans la population israélienne

(A) Sondage réalisé sur la société israélienne dans son ensemble

Sensibilité	Haredim	Orthodoxes	Traditionalistes	Laïques
Pourcentage	*8%*	*9%*	*39%*	*44%*

(B) Sondage réalisé sur les Israéliens nés en Israël

Sensibilité	Haredim	Laïques
Pourcentage	*13%*	*52%*

Source : Jerusalem Post

de zéro,[1] les Israéliens parlant d'un phénomène de *yeridah* (la descente) s'opposant au concept d'*alyah* (l'ascension soit l'immigration vers Eretz Israël). Les *haredim* gagnent ainsi en proportion dans la population, car ce sont en général des Israéliens laïques qui s'en vont, étudiant à l'étranger et s'y installant ou partant en quête d'opportunités de travail. Ainsi, Ran Halévi estime qu'en 2050 la communauté ultra-orthodoxe pourrait représenter presque 40% de la population israélienne.[42]

6.1.2. Renouveau du religieux. Un autre phénomène social explique l'augmentation du nombre des *haredim* en Israël ces dernières années : on observe un renouveau du religieux auprès d'une partie de la jeune population israélienne. Les Israéliens se sentent menacés, en particulier face au surcroît d'enthousiasme pro-palestinien chez leurs alliés d'antan qui présentent parfois les Palestiniens comme les martyrs de la situation tendue au Proche-Orient. Des laïques deviennent plus religieux, et des orthodoxes "modernes" passent parfois la frontière qui les sépare des *haredim*. Cela fait d'eux un électorat de plus en plus fort, d'autant que de nombreux séfarades modérés votent pour le Shass car c'est un parti qui les représente ethniquement et qui aide activement les populations les plus défavorisées.

On en vient à se poser une vraie question : alors que le débat fait rage sur le «péril du ventre des femmes palestiniennes »,[28] certains voient un « péril du ventre des femmes *haredim* » pour les années à venir, qui menacerait d'implosion la société israélienne, divisée entre laïques et religieux, entre partisans d'un Etat démocratique et soutiens d'un Etat théocratique, entre jeunes élevés dans une éducation laïque suivant des programmes d'histoire « universelle » et ceux ne maîtrisant quasiment que l'histoire religieuse du peuple juif.

6.2. Nombreux, les *haredim* souffrent d'un manque d'unité

Il faut se garder d'une vision simplificatrice des communautés *haredim*. Les dissensions et les factions sont nombreuses (voir à ce sujet la partie I). Certains peuvent être considérés comme des groupes violents alors que la plupart sont pacifistes dans les faits.

Pensons aux tensions entre orthodoxes « modernes » et orthodoxes « traditionnels », les premiers adaptant peu à peu leur foi au monde moderne et les seconds rejetant toute évolution. Ces tensions créent des querelles internes qui affaiblissent le mouvement *haredi* dans son ensemble.[52]

6.2.1. Violences et dissensions internes. En mars 2010, le Netourei Karta n'hésite pas à attaquer des membres de partis politiques pourtant proches des *haredim* (comme Yaakov Katz en mars 2010 qui se rendait à la synagogue de Mea Shearim) pour souligner son opposition à l'Etat juif[34]. Le cas des Edah Haredit est compliqué : ils en viennent à accuser les femmes ultra-orthodoxes (souvent membres de Edah Haredit) d'être des "femmes talibanes" car elles auraient radicalisé une ancienne coutume des femmes ultra-orthodoxes de porter un long voile noir et copieraient les femmes musulmanes...[55] On atteint donc le paroxysme de la discorde interne.

Mais ce ne sont encore que des cas isolés. Comme le rappelle le député de l'Union Nationale Yaakov Katz il convient d'avoir à l'esprit les séparations entre les mouvances *haredim* car la violence n'est pas un phénomène de groupe qui caractériserait tous les ultra-orthodoxes.[34] De même, il est faux de penser que tous les *haredim* souhaitent l'instauration d'une théocratie en Israël.

Didier Epelbaum souligne que la culture juive religieuse a depuis longtemps intégré le concept de démocratie : l'autorité rabbinique n'émane-t-elle pas d'un choix de la communauté entière et les grands rabbins ne sont-ils pas choisis par bulletin secret ?[31] Il déclare même :

> « non seulement la tradition n'est pas ennemie de la démocratie mais il existe une théologie du politique qui est à l'opposé de la théocratie »

et finit son argumentaire en citant Eliezer Berkovits (rabbin de tradition orthodoxe, né en septembre 1908 et mort en août 1992) :

> « La Halakha, en particulier de nos jours, ne peut fonctionner que démocratiquement. »[1]

6.2.2. Des dissensions politiques. La politique *haredi* est donc certainement plus complexe et partagée qu'elle ne peut le paraître au premier abord, puisque tous les Juifs religieux ne s'accordent pas forcément quant à l'objectif final... Mais plus concrètement aujourd'hui les *haredim* s'opposent les uns aux autres le plus souvent à propos des élections et des postes de pouvoir. En effet, comme nous l'avons vu au chapitre 5, un député *haredi* redistribue à sa communauté le budget qui lui est accordé, et cela contribue à la montée des tensions entre séfarades et ashkénazes, entre *hassidim* et *mitnagdim*, entre les rabbins eux-mêmes. On se souvient des manigances de certains rabbins, qui, en 1988, promettaient une bénédiction spéciale à tous ceux qui votaient pour le parti qu'ils représentaient.

Ces discordes internes fatiguent parfois l'ensemble de la population ultra-orthodoxe, dont une partie modifie son vote en conséquence. Des ashkénazes ont ainsi voté pour le Shass en 2009 car ils étaient exaspérés des débats animés entre rabbins ashkénazes à propos des bus « cashers » (bus où hommes et femmes sont séparés) et à propos des aides publiques pour l'éducation *haredi*. D'autres ont soutenu le parti Israël Beytenou (Israël Notre Maison), parti d'extrême-droite nationaliste d'Avidgor Lieberman créé en 2009 et dont le message antiarabe a plus séduit que les querelles entre partis ultra-orthodoxes.

Dès lors, on comprend que les dissensions internes affaiblissent le mouvement, puisque les voix se dispersent dans d'autres partis israéliens (en particulier dans les petits partis d'extrême-droite).[63]

---

1. Voir le numéro du *Jerusalem Post* de septembre 1981.

6.3. La communauté ultra-orthodoxe, régulièrement instrumentalisée

Au-delà des divisions internes entre *haredim*, il nous semble excessif de parler d'un véritable « péril » ultra-orthodoxe pour la démocratie israélienne, bien que les *haredim* soient une force politique de poids en Israël. Il est important de rappeler que les *haredim* sont souvent instrumentalisés ; ainsi, ils sont souvent présentés comme une contresociété plus dangereuse qu'elle n'est en réalité.

6.3.1. Un rôle de catalyseur.

Sur le court terme on peut même se demander si les *haredim* ne jouent pas (très paradoxalement) un rôle de catalyseur en assurant une certaine unité de la société israélienne, dans la mesure où l'attention fixée sur eux empêche parfois de se préoccuper d'autres débats. Ainsi, quand on s'intéresse au mouvement des indignés en Israël de juillet 2011 qui a rassemblé parfois entre 300 000 et 450 000 personnes,[13] on peut se demander si les vrais problèmes en Israël actuellement ne sont pas avant tout économiques (chômage, loyers trop élevés etc.) plus que politiques. Depuis l'été 2011, on note en parallèle de cette période de crise une recrudescence des tensions contre la communauté *haredi* considérée comme oisive et inutile à la société.

Dans un tel contexte, les *haredim* semblent parfois être des « victimes faciles » dans la mesure où ils sont immédiatement identifiables et très peu intégrés au reste de la société israélienne. Il faut se souvenir que les *haredim* souffrent aussi de difficultés sociales. Face à une montée des tensions entre laïques et orthodoxes, depuis 2011, on est en droit de se poser les questions suivantes :
– Les *haredim* n'auraient-ils pas dernièrement durci leurs positions contre les laïques, du fait d'une crise économique qu'ils subissent aussi de plein fouet ? Ne seraient-ils pas inquiets pour leur avenir, alors que le gouvernement tente de modifier la distribution des prestations sociales afin de répondre aux demandes d'une population insatisfaite ? Les articles sur les sites internet des *haredim* dénonçant les mesures d'austérité à venir qui risquent de diminuer leurs prestations ne manquent pas en ce début d'année 2012.[2]

---

2. Voir par exemple les articles sur le site Chiourim, dont notamment l'article *Les allocations des haredim en danger*, février 2012.

– Les laïques et certains hommes politiques ne stigmatiseraient-ils pas les *haredim* pour expliquer que la société israélienne se trouve face à une impasse ? Ainsi, Tzipi Livni, leader du parti Kadima, est incontestablement un exemple de femme politique citée comme « *anti-haredi* ». D'ailleurs, des partis *haredim* envisagent de soutenir la coalition de gauche lors des prochaines élections, comme l'a clairement indiqué un député de Yadahout Hatorah, Moshe Gafni, à Netanyahou.[46] Et ce n'est pas tout, car, de son côté Tzipi Livni a mis en garde son auditoire à la cérémonie d'ouverture de la "Semaine Politique" à l'université académique Yaffo de Tel-Aviv le 3 janvier 2012 du danger que représentent les *haredim*, soulignant qu'ils avaient voté contre tous les projets de réforme proposés par le comité Trajtenberg (en charge de dresser le nouveau programme socio-économique pour Israël suite au mouvement des indignés de juillet 2011).[62] De quoi attiser les tensions internes tout en détournant parfois le débat de la politique interne israélienne de certaines questions tout aussi fondamentales.

6.3.2. Pourtant, la Bagatz reste vigilante. On constate donc une certaine instrumentalisation de la menace *haredi*, qui semble faire oublier qu'une institution israélienne veille à ce que l'équilibre vacillant entre laïque et religieux reste respecté : il s'agit de la Cour Suprême Israélienne, connue par son acronyme Bagatz. C'est elle qui déclare que certaines lois respectent ou non les principes fondamentaux de l'Etat d'Israël. Au sommet du système judiciaire israélien, elle rassemble quatorze membres nommés par un comité indépendant qui sélectionne les juges qui y siègeront. Elle joue le rôle de cour d'appel pour le pénal et le civil, de Haute Cour de Justice mais surtout elle est chargée de vérifier la constitutionnalité des lois décidées par le parlement israélien.

Or, elle a été particulièrement active ces dernières années et semble au-dessus du jeu qui paraît tirailler des hommes politiques israéliens souhaitant remporter le plus de voix possibles. L'exemple le plus frappant est celui de l'invalidation le 22 février 2012 de l'exemption militaire pour les *haredim*.[18] Après maints débats sur le sujet, la loi Tal qui expire fin août 2012 a été remise en cause, Bagatz estimant que les jeunes haredim doivent aussi fournir un effort militaire pour soutenir l'Etat israélien. En effet, si on ne change pas la loi, en 2020 le nombre d'exemptés pourrait atteindre 25% des Israéliens de plus de 18 ans.[42] Même si les détails de ce qui va être décidé ne sont pas encore connus - quels jeunes *haredim* participeront ? S'agira-t-il d'un pourcentage de la communauté ou de tous sans exception ? Une telle décision est la preuve que la Cour Suprême est relativement attentive à l'égalité des citoyens, sans distinction de religion.

A ce stade de notre étude, il semble évident que les *haredim* sont une force politique à prendre en compte si l'on souhaite comprendre les enjeux actuels de la société israélienne. Bien qu'ils menacent la cohésion de l'ensemble du fait de leurs oppositions croissantes avec les laïques, il nous paraît inapproprié d'employer le terme de « péril » pour les caractériser.

Troisième partie

Les *haredim*, une menace pour la politique extérieure ?

CHAPITRE 7

Quelles relations entre les diasporas et le phénomène ultra-orthodoxe ? [1]

> « Le poids de la diaspora est le corollaire du déclin de la Terre sainte comme centre du judaïsme mondial mais le fait religieux est le ciment des différents groupes. »[60]

Ne pouvant être le peuple résidant en Terre Promise, le peuple juif s'est intégré, fragmenté en plusieurs ensembles dans de nombreux endroits du monde. Cette forme de multi-appartenance a permis aux Juifs de "conquérir un peu de liberté en multipliant le nombre de prisons".[16] L'historien juif russe Simon Doubnov a théorisé ce *modus vivendi* en disant que l'ensemble des Nations, à l'imitation du peuple juif, seraient appelées à vivre sans frontière une fois qu'elles seraient libérées de leurs vaines prétentions et attaches territoriales.

L'une des principales menaces qui pèsent sur la diaspora est le vieillissement de la population (à l'exception des communautés *haredi*). Le pourcentage de jeunes de moins de 18 ans de confession juive est dans tous les pays de la diaspora inférieur à celui de la moyenne du pays d'accueil. Ainsi en Russie, les enfants de moins de 14 ans représentent moins de 10% de la population juive totale du pays. Il y aurait, selon les estimations les plus basses, ainsi moins d'un million de Juifs aux États-Unis en 2080. [2] De plus, de nombreux Juifs de la diaspora renoncent à leur identité propre, comme l'illustre le nombre de mariages mixtes qui contribuent à la dissolution de ce lien compte tenu de l'absence de conversion du conjoint. Il est rapporté par l'observatoire de la diaspora que la pratique religieuse dans le cas d'un mariage mixte est

---

1. Ce chapitre et les deux suivants sont rédigés par Nicolas Meunier.
2. Voir le site Observatoire de la diaspora
(https ://observatoiredeladiaspora.wordpress.com/tag/judaisme/)

très souvent abandonnée à la génération suivante par toutes les parties si bien que deux enfants juifs sur trois dans le monde ne reçoivent plus d'éducation juive. Au mieux, ils manifestent leur appartenance juive pour les grandes fêtes ou solennités : *bar-mitsva*, Kippour, le souvenir de la Shoah...

La diaspora *haredim* est un phénomène international qui a des ramifications dans l'ensemble des communautés de la diaspora juive décrite auparavant. Le ciment ultra-religieux est un marquant identitaire très puissant et la communauté est rassemblée autour de son rabbin, chef spirituel et autorité compétente, omnipotente *urbi et orbi*. Ainsi l'allégeance de ces communautés à l'autorité du rabbin au détriment de l'autorité de l'Etat d'Israël est inquiétante, y compris quand ce rabbin est à l'étranger. Les ultra-orthodoxes sont ainsi perçus par les laïques comme une menace potentielle contre l'Etat, contre la Nation, à plus forte raison quand certains groupes extrémistes n'hésitent pas à s'allier aux ennemis d'Israël (le cas des Netourei Karta est développé plus loin). A titre d'illustration, rappelons qu'en 1983, le rabbi de Satmar a donné l'ordre de déclencher des émeutes autour des fouilles archéologiques de Jérusalem en entraînant au passage le parti Agoudat Israël qui a été contraint de soutenir et légitimer cette flambée de violence lancée depuis la Roumanie.[37]

Parmi les problèmes fondamentaux qui opposent l'Etat d'Israël et la diaspora, la question de la judéité est essentielle comme cela sera présenté à travers la vision de la diaspora américaine.

La diaspora vit les oppositions entre « chapelles » *haredim* de la même manière qu'en Israël, elle n'est ainsi pas exempte des manifestations de violence qui accompagnent les antagonismes entre les différentes sensibilités *haredi*. Les affrontements entre *hassidim* de Belz et de Satmar dans Brooklyn sont connus pour leur brutalité.

7.1. L'influence de la diaspora américaine dans les affaires israéliennes et leur perception par les *haredim*

La diaspora juive américaine est forte de 5,3 millions de personnes parmi lesquelles on recense 2,5 millions de Juifs non orthodoxes et environ 500 000 orthodoxes soit environ 10%. Le pourcentage d'ultra-orthodoxes est plutôt en diminution en raison de l'existence de courants juifs modernistes mais leur influence est forte notamment en raison de leur concentration : les *haredim* new-yorkais représentent ainsi 14% de la communauté juive locale.

La diaspora américaine occupe une place à part au sein des autres communautés car les Etats-Unis sont avant toute chose le premier centre d'études de la Torah avec un grand nombre de Sages connus et de *yeshivot*. Les raisons historiques sont très simples puisqu'à l'issue de la deuxième guerre mondiale, les Juifs du monde entier se sont dirigés vers deux destinations : la Palestine et les Etats-Unis, ce qui explique au passage que le nombre de Juifs dans le nouveau monde soit presque identique à celui d'Israël. On parle ainsi de culture juive américaine à part entière, qui est soutenue par de grandes organisations très influentes : le Congrès Juif américain ou l'AIPAC (*American Israel Public Affairs Committee*).

La singularité de la diaspora américaine ne réside pas uniquement dans son nombre important. Cela tient d'abord au pays lui-même : les Etats-Unis portant depuis des décennies l'étendard de la modernité, la probable incompatibilité entre le mode de vie *haredi* et l'environnement de la société moderne américaine avait déjà été relevée par les Grands Sages de la Torah dont certains, comme le rabbi Slutzk, voulaient interdire l'émigration vers le nouveau monde avant la deuxième guerre mondiale.[37] L'histoire a donné raison à Slutzk car un certain nombre d'orthodoxes américains, perçus comme "modernes", sont capables de compartimenter leur vie entre respect des prescriptions religieuses et obligations sociales, vie quotidienne. Ces orthodoxes, inspirés par l'Ecole de Francfort du rabbin Hirsch[64] (1808-1888) et disciples du "compartimentalisme" concilient une observance rigoureuse des lois juives avec une attitude positive à l'égard de la société moderne et de la culture occidentale. C'est une des raisons pour lesquelles il existe une immense défiance des *haredim* en Israël vis-à-vis des communautés américaines.

La diaspora américaine *haredi* reste néanmoins puissante. Les *haredim* américains, qui sont moins divisés que leurs pairs israéliens, ont depuis plusieurs décennies tenté de réconcilier les *hassidim* et les *mitnagdim* notamment pour éviter, en vain, les scissions au sein du parti Agoudat Israël dans les années 80 (voir la deuxième partie).

Les *haredim* américains, inspirés par leur propre combat contre les rabbins américains "libéraux", se distinguent également par l'influence qu'ils cherchent à exercer sur le combat intérieur des ultra-orthodoxes israéliens notamment au sein de la Knesset au sujet de l'amendement de la Loi du Retour. Pour contrer cette influence, les courants *Conservative* et *Reform*[3] luttent contre les *haredim*, avec le soutien d'une grande majorité de l'opinion des Israéliens, pour que la modification de cette loi n'entraîne pas *de facto* l'exclusion d'une partie de la communauté à la demande des ultra-orthodoxes.[26] Il est important de noter qu'un amendement de la Loi du Retour provoquerait un schisme avec la diaspora américaine et ses financements puissants. Dans cet ordre d'idée, il est essentiel de souligner la différence de niveau socio-économique entre les *haredim* américains et israéliens.

7.2. Les cinq figures de l'orthodoxie juive dans le monde et leur influence

7.2.1. La Cour de Gour.
Nous ne reviendrons pas sur cette sensibilité ultra-orthoxe qui a été présentée dans la première partie de cette étude. La cour de Gour, dont le représentant est un membre très important du Conseil des grands de la Torah, se considère comme la faction la plus importante du Hassidisme mondial. Elle a toujours œuvré pour un rapprochement de l'ensemble des courants du monde hassidique afin de retrouver la cohésion qui prévalait jusqu'au XIXe siècle dans les confins orientaux de la Pologne et de la Russie. Pourquoi une telle influence ? Le hassidisme de Gour est connu pour avoir donné un souffle nouveau à l'interprétation de la Torah. La littérature juive doit beaucoup à ce courant qui lui a donné certaines de ses plus grandes œuvres.

7.2.2. Les Loubavitch (Habad).
Le rabbi de Loubavitch résidait à Brooklyn dans le quartier de Crown Heights. Son influence aux Etats-Unis et en Israël reste très grande, tout comme celle de

---

3. Les mouvements *Conservative* et *Reform*, qui se sont développés à la fin du XIXe siècle sont décrits ainsi : les *Conservative* estiment que la *halakha* est un concept évolutif qui doit s'adapter à chaque époque en étant plus ou moins aménagée ; les *Reform* militent pour une adaptation radicale voire une abolition de la *halakha*.

l'ensemble de son mouvement. « L'empire » Loubavitch a été développé progressivement aux Etats-Unis à l'issue de la seconde guerre mondiale. De puissants moyens financiers ont permis la mise en place d'un maillage étroit de Yeshivot et de « Maisons » sur le continent nord–américain mais aussi en Europe,[37] où sont recensées environ 1350 maisons à l'heure actuelle ainsi que 3300 institutions.[33]

Le mouvement Loubavitch se caractérise comme le plus important courant de retour à la tradition juive dans le monde et son influence en émane directement. Ainsi il est assez fréquent au sein des *haredim* Loubavitch de croire que le rabbi, chef du courant, serait le Messie, ce qui leur vaut l'animosité des autres courants qui voient en ces croyances un chemin d'hérésie. Le Rav Menachem Mendel Schneerson, dernier rabbi de Loubavitch mort en 1994, n'a eu de cesse de proclamer qu'il fallait attendre l'arrivée du messie en proclamant le *kirouv*, le retour des juifs non pratiquants vers l'orthodoxie. Bien que divisés, les héritiers de ce mouvement restent très influents, compte tenu de leur concentration dans les villes où ils sont.

7.2.3. Eliezer Menahem Schach.

Adepte de l'observance religieuse la plus rigoriste possible, le rav Schach n'est pas le rabbi d'un courant particulier mais un personnage charismatique du judaïsme ultra-orthodoxe. Son rayonnement mondial est celui de la tendance *mitnagdim* donc lituanienne. Il considère la création de l'Etat d'Israël comme un épiphénomène à l'échelle de l'Histoire du peuple juif et s'impose comme un ennemi particulièrement virulent du sionisme tout en étant catégorisé parmi les colombes ; il enseignait ainsi qu'il fallait mieux choisir l'étude de la Torah que la carrière des armes au sein d'un inutile ministère de la Défense. Mais il est également célèbre pour s'être, tout au long de sa vie jusqu'au début du XXIe siècle, opposé à plusieurs grands maîtres *haredim*.

Il est intéressant de noter, pour compléter la question de l'influence américaine sur la question ultra-orthodoxe en Israël, qu'il a existé un antagonisme puissant entre le rav Schach et les *hassidim* de Loubavitch installés aux Etats-Unis. Le courant *mitnagdim* du rav Schach considère en effet les *hassidim* de Loubavitch comme des hérétiques. Ilan Greilsammer parle de "hantise" de Schach envers le rabbi Menahem Mendel Schneerson de Loubavitch. Le sage lituanien a ainsi tenté de diaboliser les *hassidim* new-yorkais en allant jusqu'à remettre en cause leur judéité. Schach et Schneerson, ces deux personnalités phares du judaïsme au XXe siècle, passent pour avoir été charismatiques voire messianiques bien au-delà de leur cercle propre ; il s'agit donc d'une forme de concurrence dans la course à l'influence au-delà de la querelle théologique entre *hassidim* et *mitnagdim*.

Dans le même ordre d'idées, le rav Schach est aussi celui qui a condamné les "faiseurs de miracle" comme Baba Baruch, issu de la diaspora marocaine au sein de laquelle il est très influent.[4] Schach, comme tous les grands maîtres hassidiques et sages de la Torah considère que les personnages « guérisseurs » n'ont pas leur place dans la communauté *haredi*. Il a manifesté constamment une forme de mépris pour la communauté juive marocaine et les Juifs israéliens ralliés à ces croyances populaires. Schach déclare ainsi le 26 janvier 1990 dans le journal *Yated Neeman* :

> "il arrive que certaines personnes, qui ne sont auréolées de la couronne de la Torah en aucune façon, parviennent à jeter de la poudre aux yeux et à persuader de bons Juifs naïfs de leur "grandeur". Leurs buts sont très variés : la recherche des honneurs, d'un public, d'argent..."

Ces antagonismes et prises de position rigoristes, que ce soit contre les Loubavitch ou certaines personnalités populaires juives peuvent être perçues comme une faiblesse mettant en danger la lisibilité du discours des *haredim*.

7.2.4. Ovadia Yosef.
Leader du parti séfarade Shass, le rav Yosef est le pilier du rayonnement du judaïsme en provenance des pays arabes. Il est également connu comme l'un des plus grands maîtres talmudiques mondiaux. En dépit des querelles religieuses sévères qui l'ont opposé à certains maîtres ashkénazes, il passe pour être un ultra-orthodoxe "ouvert" ; il est notamment celui qui a contribué à apporter une solution au problème des Falashas, évoqué ci-après.

---

4. Baba Baruch, fils de Baba Sali fut comme son père un « faiseur de miracle » très populaire au Maroc et en Israël dans le Néguev au point d'attirer l'attention des religieux orthodoxes et des hommes politiques qui ont cherché son soutien. Lors des élections de 1988, Baba Baruch appela à voter pour Agoudat Israël, ce qui lui valu une vive réprobation du Rav Schach.

Bien que considéré comme colombe en politique étrangère, le rav Ovadia Yosef a fait l'objet d'une polémique à la fin de sa vie en raison de positions extrêmes vis-à-vis des Palestiniens. Il déclarait en 2010 au Jérusalem Post, qu'il :

> "souhaitait qu'un fléau s'abatte sur le président palestinien Mahmoud Abbas et le peuple palestinien [...] et que tous ces gens devraient périr "[9],

ce qui lui a valu une vive condamnation du Premier ministre israélien et de la communauté internationale.

7.2.5. L'admor de Belz.

Les particularismes de ce courant hassidique ont été développés dans la première partie. On parle peu de ce courant si ce n'est à travers le récit des épisodes de violence qui ponctuent les venues de l'admor de Belz au sein des communautés de la diaspora car l'antagonisme est très fort notamment avec les *hassidim* de Satmar. En politique étrangère, le courant de Belz est partisan de la paix avec les voisins d'Israël.

7.3. La question des Falashas : discorde sur la question du *Qui est Juif ?*

Parmi les questions sur lesquelles la position ultra-orthodoxe est inflexible, la judéité tient une place prépondérante. La situation de monopole des autorités rabbiniques sur l'octroi de la nationalité juive ou la reconnaissance des conversions est l'objet de vives tensions, notamment avec la Cour Suprême israélienne comme cela a été évoqué auparavant. Ainsi en 2006, cette juridiction a reconnu la légitimité des conversions réalisées par des rabbins « libéraux » sur des émigrants russes [5] notamment et cela a provoqué un tollé parmi les autorités *haredi*.[23]

Le sort des Falashas est emblématique de ce problème de judéité sur lequel le positionnement des *haredim* est radical. Les Falashas sont les Juifs d'Ethiopie appelés également *Beta Israël* (la maison Israël),

---

5. Sur les 1,5 million de Russes qui ont émigré en Israël à l'issue de l'écroulement de l'empire soviétique, on estime que 25% n'étaient pas Juifs, *i.e.* n'étaient pas en conformité avec le critère matrilinéaire de judéité prescrit par la *halakah*.

convertis à la fin du XIXe siècle et localisés dans le nord de l'Ethiopie. Leur judéité a été reconnue en 1975 [6] après une controverse sévère entre les rabbins ultra-orthodoxes des différentes sensibilités *haredi*. Ainsi le grand rabbin séfarade, le Rav Ovadia Yosef a, dès 1973, posé la question de leur judéité et il s'est opposé avec virulence au rabbinat ashkénaze Shlomo Goren. Yosef mettait en avant le fait que les Falashas seraient les descendants de la tribu perdue d'Israël (la treizième ?). Ils étaient estimés à environ 110 000 membres en 2009 arrivés sur le territoire israélien.

Parmi cette population, les Falashas Murash[14] connaissent encore de nos jours un sort particulier. Ce sont des Juifs éthiopiens qui se sont dits chrétiens au XXe siècle pour éviter les persécutions tout en restant fidèles à leur judéité. Cela a concerné environ 30% du total de la population juive éthiopienne. Le problème actuellement, pour ces populations agricoles perdues et difficilement recensées à partir des années 90, est que les autorités juives, dans l'attente de leur arrivée en Israël, leur ont demandé de s'installer à Addis Abéba. Mais cette attente se prolonge et les Falashas Muras sont précarisés et sans aucune garantie d'arriver un jour en Israël. Ils sont un peu les oubliés de la diaspora. Le premier reproche qui leur est fait est de ne pas être en conformité avec la Loi du Retour. Tzipi Livni, ministre des affaires étrangères en 2004 déclarait

> « Vous devez bien comprendre que la Loi du Retour est aveugle en ce qui concerne la couleur de peau des candidats à l'immigration. Toutefois, elle est très stricte dans l'application de ses critères de base et je dois dire que dans de nombreux cas, la situation de Falashas Muras ne correspond pas aux exigences minimales prévues par la loi ».[14]

Actuellement et de manière générale concernant les Falashas, de nombreux *haredim* ne reconnaissent pas la judéité des ces immigrés éthiopiens, estimant que les critères de conversion ne furent pas fidèles à la *halakha* mais scandaleusement simplifiés. A cela s'ajoutent des problèmes théologiques puisque certains rabbins Falashas, les Kessims, se

---

6. En 1948, le grand rabbinat d'Israël refuse d'octroyer la nationalité juive aux Beta Israël rompant ainsi la pratique de ses prédécesseurs. Ce n'est qu'en 1975, à la faveur de la révolution éthiopienne et de la prise de pouvoir par des communistes antisémites à Addis Abeba que le gouvernement d'Yitzhak Rabin accepte le caractère juif des Beta Israël.

placent eux-mêmes dans une position antagoniste au grand rabbinat d'Israël car leurs pratiques religieuses s'appuient sur le Pentateuque et non le Talmud.

La question sous-jacente d'une forme de racisme à l'égard de ces Juifs africains a pu être posée, notamment par le parti travailliste israélien. Leur condition socio-économique généralement précaire, leur niveau d'éducation faible en comparaison de la moyenne israélienne sont autant de facteurs de réticences à leur intégration en Israël. La position controversée ultra-orthodoxe est aggravante car elle stigmatise une partie de la diaspora au risque de fragiliser la position des immigrés Falashas installés en Israël et de nationalité israélienne depuis 1975.

CHAPITRE 8

Les relations de voisinage d'Israël : l'influence des *haredim* en politique extérieure

8.1. Le désintérêt des ultra-religieux face aux affaires du monde

Les questions de politique étrangère ne sont pas la première préoccupation des ultra-orthodoxes pour lesquels le fait religieux, dans une vision théocentrique, l'emporte sur toute autre considération. Ils ne partagent en rien la vision du rabbin Kook (1891-1982) pour lequel les premiers colons en Eretz Israël furent des « agents de Dieu », les « maçons de Sidon » donnant au sionisme une aura sacrée.[15]

D'une manière générale, les *haredim* ont très longtemps marqué leur détachement vis-à-vis des questions de territoires, de frontières, de défense, de relations avec les pays arabes, voire même des organisations internationales. Une forme d'a-nationalisme, d'a-militarisme est enseigné dans les écoles talmudiques. Dès leur plus jeune âge, les *haredim* sont éduqués pour être détachés des symboles de l'Etat comme cela a été mentionné précédemment dans cette étude. Cela les distingue au passage des autres formes d'intégrismes religieux où le fait militaire, la défense de la patrie font partie du mythe fondateur.

Sur les sujets de politique étrangère, il est enfin nécessaire de comprendre que les députés *haredim* à la Knesset ne s'expriment que très rarement. Et lorsqu'ils sont exceptionnellement appelés à le faire [1],

---

1. Lorsqu'en 1950, Israël décide de soutenir les Etats-Unis engagés dans la guerre de Corée, la Knesset demande à chaque partie en présence de donner son soutien à la politique de Ben Gourion. Les *haredim* ont suivi les Etats-Unis car ils haïssaient le soviétisme athée et le stalinisme répressif. Cela n'a pas été sans

8. INFLUENCE DES *HAREDIM* EN POLITIQUE EXTÉRIEURE

c'est après avoir obtenu une décision ou un avis du conseil des Grands de la Torah, lequel communique souvent par parabole ou citation biblique qui ne facilitent pas une lecture intelligible de leur position en politique extérieure.

Contrairement aux idées reçues et à ce qui a pu être écrit *supra* pour les définir, les *haredim* ne sont pas tous des parangons de paix. Le troisième pilier du triple serment qui les oppose au sionisme leur impose de ne pas susciter le « courroux des Nations » en leur faisant la guerre. Cet argument devrait unifier les différentes sensibilités *haredi* dans une attitude pacifiste face au mythe de la soldatesque sioniste conquérante de la terre dont elle souhaite être désormais propriétaire après deux mille années d'errance du peuple juif.

Pourtant, il n'en est rien. Certes, pour les ultra-orthodoxes, seul compte le sort du peuple juif d'où l'absence de considération pour les Goyim (les Gentils). Mais il est par exemple inenvisageable que les Arabes puissent avoir une souveraineté partielle ou totale sur Jérusalem. Lorsqu'en 1983, le parti Agoudat Israel soutient Menahem Begin sur le refus d'ouvrir une enquête sur les massacres de Sabra et Shatila,[47] il déclenche l'ire des communautés ultra-orthodoxes de la diaspora, lesquelles sont mises dans des postures très délicates en raison de la forte polémique entourant l'intervention de l'Etat hébreu au Liban.

Il est donc important de dire que, si le fait extérieur désintéresse les partis ultra-orthodoxes, leurs positions sur les questions étrangères sont intimement liées aux enjeux électoraux du moment, à la sensibilité du rabbin à la tête du courant. En témoigne l'existence au sein des partis Likoud et travailliste de *task forces* chargées de créer des passerelles avec les différents partis *haredi* afin de trouver leur appui. Ces "groupes de travail" sont en fait des lobbies politiques dont l'activité consiste à évaluer les influences et interactions au sein de la galaxie ultra-orthodoxe pour savoir quel rabbin ou Grand de la Torah doit faire l'objet d'une tentative de séduction. Vu du côté des *haredim*, le fait qu'un *admor* accorde une audience à un député est souvent perçu comme un signe d'approbation de la requête dont l'entretien est l'objet. Ilan Greilsammer parle de « signe kremlinien » pour définir ces attitudes et les commentaires et déductions qui les entourent.

---

poser d'autres débats internes, notamment sur la position délicate dans laquelle se trouvaient les Juifs russes à l'issue de cette décision.

8.2. Colombes contre faucons

Les expressions de « colombes » (*yonim*) et de « faucons » (*nitsim*) sont fréquemment utilisées pour définir les différentes approches israéliennes vis-à-vis des voisins arabes, au même titre qu'on les retrouve souvent pour caractériser les lignes dure ou souple d'une politique étrangère. La communauté haredi n'est pas épargnée par cette ligne de fracture fondamentale qui touche aux questions de politique étrangère de l'Etat hébreu, même s'il ne faut pas calquer les scissions ultra-orthodoxes liées à ces questions sur le clivage traditionnel gauche-droite.

D'une manière générale, Ilan Greilsammer ([**37**]) définit les colombes selon quatre critères :

- Ils sont prêts à échanger la paix contre la rétrocession aux Arabes des territoires de 1967 ;
- Ils militent pour que le gouvernement israélien fasse preuve de plus d'audace dans ses propositions de paix ;
- Ils sont opposés avec virulence à toute implantation dans les territoires de Cisjordanie et anciennement de la bande de Gaza ; le plateau du Golan reste un élément à part [2] ;
- Ils sont disposés à reconnaître des droits aux Palestiniens sur une partie de la Palestine ; cela n'implique pas automatiquement une reconnaissance d'un Etat palestinien.

Le "mythe de la citadelle assiégée"[3] qui est très puissant dans l'imaginaire israélien a souvent donné peu de poids aux politiques des colombes. C'est ainsi que le parti sioniste colombe *Meimad* a disparu avec retentissement à la fin des années 80.

---

2. La question du plateau du Golan mériterait à elle seule un traitement à part. Cette région du Proche-Orient est un sujet complexe comme l'a écrit Frédéric Encel dans son livre *Le Moyen-Orient entre Guerre et Paix, une géopolitique du Golan* [**27**]. La question des représentations est cruciale pour appréhender le statut du plateau du Golan, y compris au sein des différents courants *haredim*. F. Encel évoque les préceptes bibliques qui donnent un caractère sacré à cette région sur lequel se sont appuyés les *haredim* pour soutenir les politiques israéliennes d'annexion.

3. Le mythe de la citadelle assiégée fait référence à la tragédie de Massada durant laquelle 960 hommes, femmes et enfants juifs se sont donné la mort pour échapper aux Romains en 74 après Jésus-Christ (voir *Massada, enquête sur un suicide collectif*, André Paul, Points Histoire, 1998).

Les faucons, qui politiquement se rapprochent sensiblement des positions du Likoud, quand les colombes sont proches du parti travailliste, se décrivent comme suit :
- Ils sont opposés à toute concession territoriale en dehors d'ajustements à la marge ;
- Ils estiment que les propositions de paix faites par l'Etat hébreu sont le minimum en deçà duquel la sécurité du peuple juif est engagée. La plupart des faucons sont même par nature opposés strictement à tout plan de paix ;
- Ils soutiennent la politique de colonisation (y compris lorsque cette dernière est sauvage). Ils s'appuient sur le droit biblique des Juifs à s'implanter où ils veulent en Eretz Israel et souhaitent que ce droit soit reconnu. Ils soutiennent par ailleurs une politique d'implantation accélérée pour des motifs démographiques ;
- Ils ne reconnaissent aucun droit aux Palestiniens mais admettent qu'il est nécessaire d'apporter une réponse humanitaire au problème des réfugiés.

Les faucons adossent leurs revendications à un socle spirituel qui sert de ciment au sionisme religieux, fondamentalement différent de l'ultra-orthodoxie *haredim*. Le rabbin Kook en fut longtemps l'incarnation à la tête du PNR (parti national religieux ou Goush Emounim), très proche du Likoud. Les faucons sont les chantres des thèses annexionnistes.

8.2.1. Les faucons ultra-orthodoxes. La typologie des partis ultra-religieux en fonction de la distinction peut se faire comme suit :

(1) Le mouvement Loubavitch est viscéralement faucon. Son credo est très simple puisqu'il considère, dans la bouche du rabbi Menahem Mendel Schneerson, que la restitution des terres conquises aux voisins arabes s'accompagnerait d'une perte de sécurité pour les Israéliens et donc impose une résistance.[4] Il est intéressant de noter le paradoxe qui caractérise cette opinion puisque le mouvement Loubavitch reste pour autant profondément anti-sioniste, refusant à l'Etat toute autorité sécularisée sur son territoire et ses frontières. La position des Loubavitch pour dépasser ce paradoxe s'explique

---

4. Des hommes politiques de la gauche israélienne ont tenté d'affaiblir ce discours sur la "résistance nécessaire" en expliquant les soubassements xénophobes du rabbi de Loubavitch qui était avant tout préoccupé par l'avancée des quartiers noirs de Brooklyn aux abords de *Crown Heights*.

par l'attente imminente du Messie (qui pourrait être le rabbi lui-même) dont les signes annonciateurs de la venue rendent inutile toute discussion avec les Arabes. Pour simplifier, le mouvement Loubavitch soutient donc la partie droite de l'hémicycle de la Knesset et a souvent donné ses voix au Likoud. Les Loubavitch manifestent également une attitude très positive envers Tsahal. Le mouvement, dont la phraséologie guerrière est connue, envoie à intervalles très réguliers des « missionnaires » qui prononcent des conférences, donnent du matériel liturgique aux unités. Ces pratiques ont été profondément remises en causes par une gauche laïque israélienne ulcérée par les entorses répétées à la laïcité et le double langage des *haredim*.

(2) Les Hassidim de Gour, bien que plus modérés, partagent la vision Loubavitch d'une politique extérieure offensive et conquérante des territoires bibliques.

(3) Les Hassidim de Belz se distinguent des deux précédentes familles en revendiquant leur indépendance vis-à-vis du Likoud. La position de l'*admor* de Belz se justifie par la crainte d'une montée de l'antisémitisme dont serait victime la diaspora en raison des excès de la politique extérieure israélienne.[5] La corrélation entre actes antisémites et politique étrangère expansionniste est régulièrement mise en lumière par l'observatoire européen des phénomènes racistes et xénophobes.

8.2.2. Les colombes *haredim*.

Les courants des Rav Schach et Yosef sont dans le camp des colombes. Il n'y a donc pas d'antagonisme séfarade – ashkénaze sur les questions de politique étrangère comme des analyses simplistes le prétendent. Les différences avec le discours « faucon » s'expliquent par le refus de Schach et Yosef de céder à l'interprétation messianiste. Le peuple juif est selon eux encore en plein exil (*Galout*) et l'Etat hébreu n'est qu'une réalité pratique, une solution pour la survie physique du peuple élu. Leur interprétation du sens des victoires d'Israël durant les conflits des Six Jours et du Kippour est singulier. La victoire a été permise par le soutien qu'ont apporté la Torah et les étudiants en prière plus que les troupes et leur

---

5. En 1989, l'*admor* de Belz s'est félicité de l'absence de condamnation du dictateur Ceaucescu car la diaspora juive en Roumanie aurait pu en souffrir.

valeur combattante. C'est la métaphore biblique de deux frères Jacob et Esaü, le premier étudiant la Torah et le deuxième étant un va-t-en guerre "moralement inférieur" selon Mireille Hadas-Lebel.[39]

La position des colombes est encore plus extrême car la haine des nations à l'égard d'Israël est considérée comme allant d'elle-même et manifeste par ailleurs cette méfiance importante de ces ultra-orthodoxes pour le monde non juif perçu comme globalement antisémite. Cette grille de lecture paranoïaque permet de lire tous les événements internationaux dans le sens d'une haine d'Israël.

> "Cela fait deux mille ans (...) que le peuple juif est poursuivi d'une haine violente et terrible, et est persécuté à mort par toutes les nations qui l'entourent, même lorsque cela se passe à l'autre bout du monde ".[61]

Selon les colombes, le Juif doit se plier à cette situation quitte à vivre une humiliation qui renvoie à un autre mythe structurant de la judéité : le Juif du Ghetto. Cette posture de l'acceptation de l'humiliation et des souffrances dans l'attente du Messie, qui n'est pas sans rappeler une forme de martyre, était celle des Juifs d'Europe Orientale, de Russie et de Pologne qui ont vécu les pogroms. La condamnation des opérations militaires offensives de Tsahal est donc sévère. Les colombes veulent privilégier le dialogue avec les Arabes, non pour des motifs politiques comme ont essayé de le croire les Travaillistes mais pour des raisons religieuses.

8.2.3. La question de la reconnaissance d'un Etat palestinien.

La posture des *haredim* autour de la question centrale et essentielle de la reconnaissance de l'Etat palestinien est singulière. De longue date, les ultra-orthodoxes se sont opposés aux sionistes sur cette question. C'est ainsi que le "premier assassinat politique en Palestine"[56] fut commis en 1924 par la Haganah [6] – qui deviendra Tsahal - sur la personne de Jacob Israël de Haan. Ce Juif d'origine néerlandaise est mort de s'être investi imprudemment dans la cause palestinienne aux côtés des Arabes. Il était le porte-parole des *haredim* de Jérusalem. En effet, au début des années 20, les antagonismes avec le sionisme séculier sont de plus en plus marqués. Le mouvement

---

6. La Haganah est un mouvement d'auto-défense créé en 1920 : il deviendra en 1948 Tsahal, l'armée israélienne, en fusionnant avec l'Irgoun et le Lehi.

Agoudat Israël s'enracine et s'autonomise dans le paysage politique de la Palestine. De Haan est considéré comme le premier "martyr" ultra-orthodoxe tué par des Juifs sécularisés alors qu'il protégeait le judaïsme.

Le rav Loubavitch Schneerson avait une position très engagée au sujet des conflits israélo-arabes en soutenant que toute concession territoriale sur une partie d'Israël mettait en danger la vie de tous les Juifs en Terre d'Israël et était donc interdite par la *halakha*. Il insistait par ailleurs sur le fait que tout pourparler en vue de ces concessions montrait un signe de faiblesse et encourageait les attaques arabes, mettant ainsi en danger des vies juives.

Aujourd'hui et de manière générale sur la question du conflit israélo-palestinien, il est désormais nécessaire de considérer, qu'en dépit des positions antagonistes exprimées auparavant, une forme de consensus s'est dégagé au sein des communautés ultra-orthodoxes. Ces dernières se sont appropriées la réalité de l'Etat d'Israël et considèrent les gains territoriaux comme des actifs intangibles. Elles dépassent donc l'approche simpliste de l'antisionisme, bien qu'elle ait prévalu très longtemps ; elles revendiquent désormais une forme "d'a-sionisme", position paradoxale qui consiste à rejeter le sionisme comme idéologie séculière mais à en accepter les conséquences (dont la première est la participation déjà ancienne à la vie des institutions).[19] Ainsi l'idée d'une instrumentalisation du courant *haredi* par des associations pro palestiniennes d'extrême-gauche afin de revendiquer la souveraineté du peuple palestinien sur l'intégralité d'Eretz Israël est un phénomène très marginal.

8.2.4. Les positions extrémistes : l'exemple de Netourei Karta. Certains mouvements, malgré le refus de pratiquer toute forme de politique étrangère, ont un impact direct sur les relations extérieures d'Israël. C'est le cas du mouvement des *Netourei Karta* (les gardiens de la cité). Créés en 1938,[7] ils sont considérés, au sein de la galaxie *haredi*, comme les plus radicaux. Ils ont, entre autres, pour objectif d'empêcher les Juifs de la diaspora d'émigrer en Israël car ces

---

[7]. Les *Netourei Karta* se sont structurés originellement autour du *Yishouv* avant la deuxième guerre mondiale. La branche la plus radicale dont les membres sont appelés « Sicaires » est conduite par le rabbin Moshe Hirsch à Jérusalem. La radicalité de ses positions entrainent des critiques sévères envers l'ensemble du mouvement.

nouveaux arrivants, par leur présence, légitiment l'Etat d'Israël en tant qu'autorité s'exerçant sur un territoire donné sur une population qu'ils grossissent.

Les revendications de *Netourei Karta* vont beaucoup plus loin car leur discours légitime le recours aux attentats des Palestiniens pour qui cette émigration juive en provenance de la diaspora est insupportable. Ces Juifs ultra-orthodoxes défendent avec force la cause palestinienne et condamnent tout autant l'installation de colonies sauvages par les sionistes. Deux anecdotes illustrent ce positionnement singulier des *Netourei Karta* : le rabbin Mosch Hirsch de Jérusalem a été nommé en 1994 ministre des affaires juives du gouvernement palestinien de Yasser Arafat ![**25**] En juillet 2009, des membres de *Netourei Karta* ont rencontré Ismaïl Haniyeh [8] en contournant le blocus israélien et en passant par l'Egypte.

Les *Netourei Karta* sont connus pour fréquenter des personnalités ouvertement anti-israéliennes comme Louis Farrakhan ou l'humoriste français Dieudonné. Le coup d'éclat le plus célèbre reste la participation du rabbin Hirsch avec quelques uns de ses fidèles à la conférence négationniste du génocide juif en 2006 à Téhéran à laquelle le président Ahmadinejad les avait invités.

---

8. Les membres de *Netourei Karta* ont ainsi déclaré au leader du Hamas : "C'est votre terre, elle est occupée de manière illégitime et injuste par des gens qui l'ont volée, kidnappée, au nom du judaïsme et de l'identité juive", *in* Haaretz, *Anti Zionist Jews meet with Hamas leaderin Gaza*, 2009.

CHAPITRE 9

L'avenir des *haredim*, représentation et projection

9.1. L'image d'Israël sur la scène internationale est altérée, les *haredim* l'aggravent

"Israël est un Etat laïc de mauvaise réputation religieuse"
Yéshahayu Leibovitch[15]

9.1.1. Etat des lieux de l'opinion mondiale sur Israël.
D'une manière générale, l'image d'Israël sur la scène internationale n'est pas bonne comme le montre une infographie de la BBC de 2010, puisque seuls deux pays reconnaissent l'influence positive d'Israël : les Etats-Unis et le Kenya.

Les épisodes de la guerre des 33 jours au Liban à l'été 2006, l'opération *Cast Lead* (plomb durci) dans la bande de Gaza en janvier 2009, la flotille de Gaza en mai 2010, etc. sont, pour ne citer que les plus récents, les événements majeurs qui contribuent à noircir l'image d'Israël. Les nouvelles régulières des affrontements entre Palestiniens, Israéliens et la disproportion coutumière avec laquelle l'Etat hébreu réagit en terme de niveau de violence sont autant d'éléments qui mobilisent l'opinion internationale contre Israël.

Historiquement, le tournant date des années 80. Lorsque les cinq divisions blindées du général Ariel Sharon, ministre de la défense, passent le Litani en fonçant vers la Bekaa en juin 1982, l'Etat hébreu ne sait pas encore qu'il va perdre la guerre de l'image. Israël, qui était depuis 1948 un pays agressé devient l'agresseur et cette situation perdure jusqu'à nos jours en dépit des provocations récurrentes de l'Iran ou des leaders du Hezbollah et du Hamas.

9.1.2. Les *haredim* ne contribuent pas à redorer une image dégradée.
Les *haredim* sont, par essence, opposés au sionisme, lequel est l'objet de toutes les attaques, de tous les reproches faits à Israël. Dans l'absolu, il serait très simple pour les ultra-orthodoxes de devenir des prescripteurs d'opinion favorables à Eretz Israël en jouant sur leur statut d'autorités religieuse et morale influentes vis-à-vis du Parlement et de la vie institutionnelle à laquelle elles participent depuis les années 1960.

Plusieurs éléments expliquent le déficit d'image dont souffrent les *haredim,* dont les querelles internes sont pourtant très complexes et en conséquence assez inaudibles.

Comme cela a été mentionné auparavant, les ultra-orthodoxes - dont le désintérêt pour la diplomatie israélienne est notoire - ont fait parler d'eux en votant contre la constitution d'une commission d'enquête au sujet des massacres de Sabra et Shatila dans les années 1980. Si les dissensions internes à la communauté *haredi* ont été révélées et relayées par les médias internationaux, c'est plus la compromission de la religion avec une politique extérieure agressive qui a été condamnée et qui a discrédité les ultra-religieux juifs. De plus, l'anticléricalisme dans l'Etat hébreu comme ailleurs est un artifice tactique et politique qui permet, à intervalles réguliers, de détourner le regard de l'opinion. Il s'agit assez souvent de manipulations dans le cadre d'une récupération politique à des fins électorales.

Par ailleurs, l'anticléricalisme qui sévit en Israël ne contribue pas à améliorer l'image des *haredim.* Ses cibles prioritaires sont les hommes en noir, qu'il s'agit de discréditer. Au-delà des critiques à l'endroit de leur statut, de leurs exemptions, [1] de leurs subventions dont l'objet n'est pas ici de discuter le bien-fondé, les *haredim* sont perçus comme un Etat dans l'Etat. Le principal grief que les anticléricaux ont à leur encontre touche leur *modus vivendi.* Ils sont en dehors de la nation (quartiers indépendants, le yiddish pour langue et non l'hébreu) tout en touchant ses subsides. Le jeu sur les deux tableaux agace et exacerbe les tensions. Israël connaît depuis le début de la crise de 2009 des mouvements sociaux semblables aux « indignés » occidentaux ; ils

---

1. Si les *haredim* bénéficient toujours d'une exemption du service militaire, il est important de souligner la création récente d'un bataillon de Juifs ultra-orthodoxes dans les rangs de Tsahal. Cette unité, baptisée *Netzer Yehouda,* a été créée en décembre 2011 (JSS News, décembre 2011).

sont le signe d'une paupérisation d'une partie de la classe moyenne et d'une inégalité de richesse grandissante entre les plus riches et les plus pauvres. Les *haredim*, qui ne créent pas de richesse mais s'érigent en "classe supérieure" vivant en dehors des lois, sont de moins en moins admis par une frange de la population qui vit dans la crainte du déclassement social.

Enfin, les luttes incessantes entre rabbins, à l'image des querelles virulentes qui ont pu opposer le rav Ovadia Yosef et le rabbi Schlomo Goren à propos de la Loi du retour, ont considérablement affecté la lisibilité du discours et le prestige de certaines obédiences rabbiniques. Les manifestations de violence physique entre les jeunesses des courants rivaux nuisent également considérablement à l'image de l'ultra-orthodoxie juive. Il n'est déjà pas aisé pour les laïques sécularisés de comprendre le message complexe des *haredim* mais lorsque ces derniers s'affrontent en batailles rangées dans les rue de New-York, il s'agit clairement d'un contre-témoignage. Il faut ainsi rappeler que lorsque le rabbi de Belz se déplace à Brooklyn, toute la police de la "Grande Pomme" est en état d'alerte et mobilisée pour parer aux émeutes que provoqueront les factions rivales.

9.2. Les haredim menacent-ils potentiellement Israël ?

9.2.1. *Haredim* boom ?

> "Israël, s'il devient un Etat orthodoxe cessera d'être un foyer national pour la majorité du peuple juif (...). De plus, Israël se détruira vraisemblablement de lui-même à cause de l'incapacité des diverses factions religieuses en lutte d'accepter une autorité commune et de se mettre d'accord sur une version unique de l'orthodoxie... Israël deviendra un ghetto (...)".[37]

Les projections du Bureau Central Israélien des Statistiques prévoient que 30% de la population sera *haredi* en 2050. Actuellement, parmi les citoyens âgés de plus de 18 ans, 9 % soit environ 700 000 personnes se définissent comme tel. Les responsables de la Défense évoquent régulièrement le danger que représenterait une exemption de service militaire pour un tiers de la population. Si cette projection démographique est juste, elle provoquera à long terme l'émergence d'une

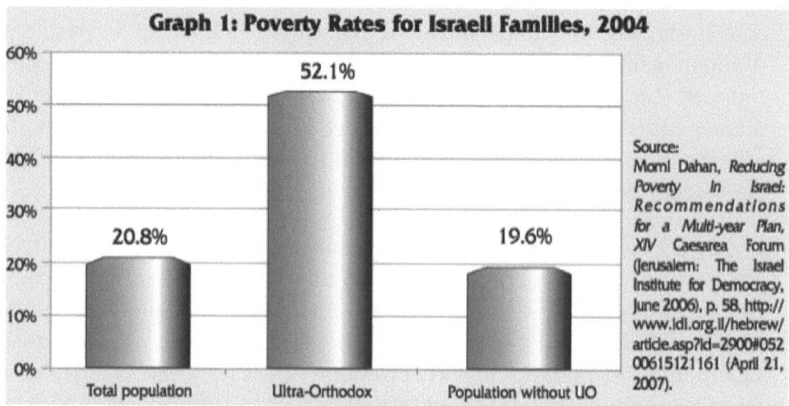

FIGURE 9.2.1. Le taux de pauvreté dans les familles israéliennes

nouvelle image d'Israël, à laquelle une majorité d'Israéliens semble peu préparée.

Néanmoins, si la population *haredi* croît avec un taux de natalité qui met à terre les théories de la transition démographique, les chiffres de la diaspora et du nombre de personnes éligibles à la Loi du Retour aident à relativiser la menace que ferait peser le phénomène ultra-orthodoxe. Aux Etats-Unis, dix millions de personnes pourraient prétendre rentrer en Israël, or seulement cinq cent mille sont des Juifs orthodoxes pratiquants au sein desquels les ultra-orthodoxes sont encore moins nombreux. C'est donc peut-être du brassage induit par la diaspora dans un monde de plus en plus ouvert qu'émergera un nouvel Israël qui ne sera pas à 30% ultra-orthodoxe en 2050.

Enfin, les nécessités économiques faisant loi, et les *haredim* ne travaillant pas, il est assez probable que l'Etat sera appelé à se prononcer sur le maintien des subventions et des allocations familiales pour assister ces familles de plus en plus précarisées comme le montre la figure 9.2.1.

9.2.2. Une théocratie israélienne en 2050 ?[12]. Il est vrai que le début du XXIe siècle est caractérisé en Israël par le retour du fait religieux qui est devenu plus ostensible et quitte la sphère intime

9.2. LES HAREDIM MENACENT-ILS POTENTIELLEMENT ISRAËL ?

pour déborder dans le domaine public. Les « néo-convertis » dont Ilan Greilsammer dit qu'ils sont des victimes d'une forme de « racollage spirituel » vont venir à terme grossir « les essaims de la force noire » à la Knesset.

Mais ce glissement vers une théocratie sous la pression ultra-orthodoxe semble peu probable. La pression internationale serait trop forte sur l'Etat hébreu pour qu'il puisse se permettre de ne pas respecter les principes universels de l'ONU quant aux libertés individuelles, et ce d'autant qu'une grande partie de la diaspora n'accepterait pas une telle situation en contradiction avec les principes fondateurs. L'hypothèse de l'avènement d'une théocratie semble faible.

Ensuite, la société israélienne est plus soudée que ne le laissent parfois entendre certains observateurs. Tout comme Frédéric Encel dénonce la théorie qui consiste à discréditer Israël en affirmant que cet Etat est en "danger de paix"[28] et que la guerre lui est obligatoire pour survivre, il est dangereux d'affirmer que les Israéliens ne forment pas une société à part entière. Il fait d'ailleurs remarquer que lorsque les sociétés subissent des pertes humaines et traversent des moments difficiles de désespoir, elles en viennent à se diviser en interne voire à se séparer car elles n'ont plus d'idéal commun. Lorsqu'on relit l'histoire israélienne à la lumière de ces arguments, les tensions et incompréhensions qui peuvent surgir au sein de la société entre *haredim* et laïques sont aussi et avant tout le reflet d'une démocratie dynamique où la liberté d'expression et d'opinion règne véritablement.

Enfin, il ressort de cette analyse qu'il est impératif que la société israélienne prenne le temps d'analyser ses contradictions et de lutter contre les inégalités qui la minent afin d'éviter une future implosion et la montée de tensions qui la fragilisent en interne tout comme en externe. En effet, il semble que les ultra-orthodoxes et les laïques aient encore du mal à se cerner, les communautés se considérant avec de la méfiance et pouvant, selon les circonstances, éprouver de la reconnaissance l'une envers l'autre comme de la haine. Alain Finkielkraut a écrit que

> "L'Etat juif est ce personnage mythique qui conjoint les deux rôles de la victime et du héros"[32]

En « zoomant » pour obtenir une analyse de la société israélienne à une échelle plus détaillée, il nous semble que ces rôles antagonistes sont exactement ceux que jouent aujourd'hui alternativement les *haredim* et les laïques dans les esprits sur les scènes nationale et internationale.

Conclusion [2]

Sans terre ni patrie, le peuple juif est parvenu à préserver son identité à travers le temps. Le judaïsme recouvre une multitude de courants spirituels, de sensibilités diverses réunis par l'héritage biblique et une forme de devoir de mémoire. La création de l'Etat d'Israël, qui puise ses racines dans le sionisme, ce « messianisme séculier », a été le révélateur d'antagonismes profonds au sein de ces multiples familles spirituelles puisque seul le Messie doit recréer Eretz Israël selon les *haredim*.

Cette étude avait pour ambition de mettre en exergue les différentes facettes du judaïsme ultrareligieux qui reste un sujet très complexe à définir. Au sionisme ont été opposés, dans ces quelques pages, le facteur ultra–orthodoxe des *haredim* et l'influence grandissante (menaçante ?) de ces derniers au sein de la société israélienne.

> "La situation à Jérusalem est plus tendue entre orthodoxes et non-orthodoxes qu'entre Juifs et Arabes"

affirmait Ehud Olmert.

S'ils représentent un légitime objet de préoccupation pour les autorités israéliennes et la société civile, les *haredim* ne constituent pas selon nous une menace pour l'avenir du pays. Certes, l'Etat hébreu est une démocratie particulièrement singulière, qui n'est pas dotée de constitution, et pratique une forme de concordat qui donne une place importante au fait religieux dans la sphère publique. Le système de représentation proportionnelle permet à tous les courants de jouer un rôle dans la vie institutionnelle.

---

2. Conclusion par Nicolas Meunier.

CONCLUSION [3]

Le judaïsme est complexe, à la fois religion et identité du peuple juif. Comme l'évoque Jacques Attali dans son *Dictionnaire amoureux du judaïsme*, ce dernier se définit comme étant :

> "un ensemble de souvenirs, une langue, un livre, une théologie, une pratique, une façon de penser, une histoire mythologique, une énigme historique"[16]

d'un peuple locataire pendant deux mille ans qui est parvenu assez récemment à devenir propriétaire d'un bout de Terre Promise au Proche Orient.

Le phénomène ultra-orthodoxe au sein du judaïsme est lui-même très complexe et de nombreuses lignes de fracture ont pu être identifiées. La question de la diaspora vient ajouter une dimension supplémentaire à cette complexité qui est désormais mondialisée au regard de l'influence et du rôle qu'entendent jouer les différents courants ultra-orthodoxes sur les cinq continents.

La pratique du judaïsme est pourtant caractérisée par l'ouverture aux autres.[16] Ainsi Israël est abîmée par un déficit d'image dû à une lecture rigoriste, fermée des préceptes religieux, mais aussi aux nombreuses controverses sur le « Qui est Juif ? ». Si la pratique de la religion juive se définit comme un apprentissage et une obligation de vivre en communauté, elle se définit aussi comme cette possibilité donnée aux autres de devenir Juif. Le mur édifié par les ultra-orthodoxes en termes de restrictions est souvent comparé au mur du ghetto, lui-même consubstantiel au peuple élu et à ses souffrances. Ce n'est donc pas recevable dans le temps long.

Par ailleurs, quelle que soit la place actuelle du fait *haredi* dans la société israélienne, le mythe fondateur de l'Etat hébreu reste particulièrement lié au sionisme qui structure son récit propre. Ce récit sioniste, qui emprunte à l'histoire du peuple juif, aux destructions des temples, à Massada, à l'exil, aux grandes tragédies de l'histoire moderne, etc. donne à Israël toute sa légitimité actuelle car il est cohérent et complète la vision spirituelle.

Si les manifestations de rabbins en tenues de déportés alimentent les rubriques des faits divers, la question de l'existence ou non d'un Etat Palestinien, la question de la rhétorique apocalyptique iranienne appartiennent à la grande politique, celle des Etats, celle d'Israël. La création de l'Etat par David Ben Gourion en 1948 est la conjonction entre une attente messianique, fondée sur la renaissance d'un passé glorieux et un projet politique volontariste normatif pour donner un cadre de vie au peuple juif. Il manquait effectivement à ce dernier pour créer Israël un territoire et une autorité. Cette résultante de deux dimensions peut suffire à comprendre Israël aujourd'hui. L'insuffisance du fait religieux *haredi* tient dans le fait qu'il ampute d'une moitié cette représentation structurante de l'Etat hébreu qui est venu, par son avènement, sceller la fin du cycle diasporique.

Les *haredim* ne peuvent ainsi donner du sens partagé à l'ensemble du peuple juif mondialisé et sécularisé. C'est leur limite et c'est ce qui explique pourquoi la menace liée à leur existence restera à jamais diffuse.

Peut-être faudra-t-il alors que les rabbins, rav et *admorim* ultraorthodoxes s'approprient cette réflexion d'Adina Bar Shalom, fille du célèbre rabbin Ovadia Yosef, chef spirituel du Shass, qui déclare :

> "la Torah élève les femmes et ne dit pas par quelle porte de bus on doit entrer".

Bibliographie

[1] *Israël-Valley, site Internet de la chambre de commerce franco-israélienne.* http ://www.israelvalley.com/news/.

[2] *Site de l'association "Women of the Wall".* http ://womenofthewall.org.il/.

[3] *Site Internet de la compagnie aérienne El-Al.* http ://www.elal.co.il.

[4] *Site Internet de la Knesset.* http ://www.knesset.gov.il.

[5] *Site Internet de l'Association for civil rights in Israël.* http ://www.acri.org.il/en/.

[6] *Site Internet Face Glat.* http ://www.faceglat.com/.

[7] *Site internet Haaretz.* http ://www.haaretz.com/.

[8] *Site Internet Jerusalem Post.* http ://www.jpost.com/.

[9] *PM Distances Himself from Rabbi Yossef Plague Comments.* Article en ligne sur le site Jerusalem Post, août 2010.

[10] *Police arrest Women of the Wall leader for praying with Torah scroll.* Article en ligne sur le site Haaretz, juillet 2012.

[11] *Hausse de l'immigration en Israël*, le Figaro, 5 septembre 2010.

[12] *Israël, menacé par le spectre de la théocratie*, Le Point, 7 juillet 2007.

[13] *Historique, manifestation des "indignés" en Israël.* Article en ligne sur le site Euronews, septembre 2011.

[14] *Les Falashas Mouras*, Shalom Magazine, printemps 2004.

[15] ABITBOL, MICHEL : *Démocratie et religion en Israël.* Cités, 4(12) :15–32, 2002.

[16] ATTALI, JACQUES : *Dictionnaire amoureux du judaïsme.* Plon, Fayard, 2009.

[17] BENSIMON, DORIS : *Religion et Etat en Israël.* L'Harmattan, 1992.

[18] BRONNER, ETHAN : *Israeli court invalidates a military exemption*, The New York Times, Février 2012.

[19] CAMUS, JEAN-YVES : *Un conflit instrumentalisé par les communautarismes.* Article en ligne sur le site Fragment sur les Temps Présents, juillet 2010.

[20] CHABIN, MICHELE : *Open on shabbat : government's desinterest in Shabbat inspection od businesses underscore waning Orthodox power.* The Jewish Week, 2003.

[21] CHABIN, MICHELE : *Israel to allow civil marriage.* Article en ligne sur le site Huffington Post, mai 2011.

[22] CHARBIT, DENIS : *Sionisme singulier, sionismes pluriels : unité et controverses dans l'histoire moderne d'Israël.* Mouvements, 3(33-34) :13–22, 2004.

[23] CHARBIT, DENIS : *La cause laïque en Israël est-elle perdue ?* Critique internationale, 3(44) :65–80, 2009.

[24] CHARBIT, DENIS : *Le sionisme, un projet de gauche ou de droite ?* Cités, 3(47-48) :115–140, 2011.

[25] CHEMTOB, VICTOR ; PRINCE, DAVID ; TAL EHUD : *Anti-Zionist Neturei Karta Sect Received Funds from Arafat.* Israël Ministry of Foreign Affairs, Avril, 2009.

[26] ELAZAR, D. J. : *Community and Polity : The organisational dynamics of American Jewry.* Jewish Publication Society, 1976.

[27] ENCEL, FRÉDÉRIC : *Le Moyen-Orient entre guerre et paix, une géopolitique du Golan.* Champs Flammarion, 2001.

[28] ENCEL, FRÉDÉRIC : *Géopolitique du sionisme.* Armand Collin, 2007.

[29] ENCEL, FRÉDÉRIC : *Géopolitique de Jérusalem.* Flammarion, 2008.

[30] ENCEL, FRÉDÉRIC : *L'évolution spatitale des Juifs orthodoxes à Jérusalem et en Cisjordanie : simple extension démographique ou réelle stratégie territoriale ?* Hérodote, 3(130) :43–58, 2008.

[31] EPELBAUM, DIDIER : *Le troisième temple - Israël de l'utopie à l'histoire.* Hachette, 1985.

[32] FINKIELKRAUT, ALAIN : *Le juif imaginaire.* Points Essais, 1983.

[33] FREDERICK, EMILE : *Religion Today.* Associated Press, 2007.

[34] GALAHAR, ARI : *MK wants Neturei Karta classified as terrorists.* Article en ligne sur www.ynetnews.com, mars 2010.

[35] GORENBERG, GERSHOM : *The unmaking of Israël.* Harper, 2011.

[36] GORENBERG, GERSHOM : *Letter from Jerusalem : learning curve.* Article en ligne sur le site Hadassah Magazine, janvier 2010.

[37] GREILSAMMER, ILAN : *Israël, les hommes en noir. Essai sur les partis ultraorthodoxes.* Presses de la Fondation nationales des sciences politiques, 1991.

[38] GREILSAMMER, ILAN : *La nouvelle histoire d'Israël. Essai sur une identité nationale.* Paris, Gallimard, 1998.

[39] HADAS-LEBEL, MIREILLE : *Jacob et Esaü ou Israël et Rome dans le Talmud et le Midrash.* Revue de l'histoire des religions, I(4) :369–392, 1984.

[40] HADDAD, PHILIPPE : *Samson Raphaël Hirsch, Fondateur de la néo-orthodoxie.* Article en ligne sur www.akadem.org, 2012.

[41] HALÉVI, RAN : *Israël entre nation et religion.* Le Débat, 2(144) :112–128, 2007.

[42] HALÉVI, RAN : *Israël : imbroglio démocratique, paix introuvable.* Le Débat, 1(158) :125–145, 2010.

[43] HASSON, NIR : *Rising Haredi population puts a Jerusalem scout den in the crossfire*, Haaretz, 26 février 2012.

[44] HECKER, MARC : *Les déterminants du poids des partis religieux en Israël.* Confluences Méditerranée, (57) :177–190, 2006.

[45] HENRY, MARC : *Les larmes d'une fillette bouleversent Israël*, Le Figaro International, 28 décembre 2011.

[46] HOFFMAN, GIL : *Haredim rethinking partnership with Right*. Article en ligne sur http ://www.jpost.com, décembre 2011.

[47] JACOBOVITZ, EMMANUEL, Jerusalem Post, 2 octobre 1983.

[48] KATZ, JACOB : *Hors du ghetto, l'émancipation des Juifs en Europe (1770-1870)*. Hachette, 1984.

[49] KRATZOKIN, AMNON RAZ ; BEN-DOR, ZVI : *Les partis religieux en Israël*. Revue d'études palestiniennes, (9), 1996.

[50] LE MONDE, RÉDACTION : *Une manifestation de juifs ultra-orthodoxes choque Israël*, Le Monde, janvier 2012.

[51] LIEBMAN, CHARLES : *Extremism as a Religious Norm*. Journal of the Scientific Study of Religion, (22(1)) :75–86, 1983.

[52] MAGID, SHAUL : *Is there an Orthodox war against modern Orthodoxy ?* Article en ligne sur le site New Vilna Review, juin 2008.

[53] MIKAÏL, BARAH : *L'intégrisme juif et la colonisation dans les territoires palestiniens occupés*. Revue internationale et stratégique, 1(57) :93–102, 2005.

[54] NAHSHONI, KOBI : *El Al to launch kosher flights for haredim*. Article en ligne sur www.ynetnews.com, Décembre 2012.

[55] NAHSHONI, KOBI : *Haredim step up war on "taliban women"*. Article en ligne sur www.ynetnews.com, novembre 2011.

[56] NAKDIMON, SHLOMO ; MAYZLISH, SHAUL : *De Haan : le premier assassinat politique en Palestine*. Modan Press, 1985.

[57] RABIN, OMER : *Revenue or Reputation : El Al again faces Shabbat dilemma*. Article en ligne sur le site Jerusalem Post, février 2011.

[58] RABKIN, YAKOV : *L'opposition juive au sionisme*. Revue internationale et stratégique, 4(56) :17–23, 2004.

[59] SAND, SHLOMO ; KSIKES, DRISS : *Les Israéliens croient aux mythes préfabriqués*. La pensée de midi, 1(30) :125–134, 2010.

[60] SAND, SHLOMO : *Comment le peuple juif fut inventé*. Fayard, 2008.

[61] SCHACH, RAV. Article dans le journal Yated Neeman, décembre 1989.

[62] STAFF, JERUSALEM POST : *Liyni warns against rising influence of haredi sector*. Article en ligne sur le site Jerusalem Post, janvier 2011.

[63] WAGNER, MATTHEW : *Haredim, une unité de façade*, Jerusalem Post, 2009.

[64] WIGODER, GEOFFREY ; GOLDBERG, SYLVIE ANNE : *Dictionnaire encyclopédique du judaïsme*. Cerf-Robert Laffont, 1996.

Annexes

Annexe A : Déclaration d'indépendance d'Israël

La terre d'Israël est le lieu où naquit le peuple juif. C'est là que s'est formée son identité spirituelle, religieuse et nationale. C'est là qu'il a réalisé son indépendance et créé une culture qui a une signification nationale et universelle. C'est là qu'il a écrit la Bible et l'a offerte au monde.

Contraint à l'exil, le peuple juif est resté fidèle à la terre d'Israël dans tous les pays où il s'est trouvé dispersé, ne cessant jamais de prier et d'espérer y revenir pour rétablir sa liberté nationale. Motivés par ce lien historique, les Juifs ont lutté au cours des siècles, pour revenir sur la terre de leurs ancêtres et retrouver leur État. Au cours des dernières décennies, ils sont revenus en masse, Ils ont mis en valeur les terres incultes, ont fait renaître leur langue, ont construit des villes et des villages et ont installé une communauté entreprenante et en plein développement qui a sa propre vie économique et culturelle. Ils ont recherché la paix tout en étant prêts à se défendre. Ils ont apporté les bienfaits du progrès à tous les habitants du pays et se sont préparés à l'indépendance souveraine.

En 1897, le premier congrès sioniste, inspiré par la vision de l'État juif de Theodor Herzl, a proclamé le droit du peuple juif au renouveau national dans son propre pays. Ce droit a été reconnu par la Déclaration Balfour du 2 novembre 1917, et réaffirmé par le mandat de la Société des Nations qui a apporté une reconnaissance internationale formelle au lien historique du peuple juif avec la Palestine et à son droit de rétablir son Foyer national. La Shoah, qui a anéanti des millions de Juifs en Europe, a de nouveau montré le besoin de résoudre le problème dû au manque de patrie et d'indépendance du peuple juif, par le rétablissement de l'État juif, qui ouvrirait ses portes à tous les Juifs et conférerait au peuple juif un statut d'égalité au sein de la communauté des nations. Les survivants du terrible massacre en Europe, de même que les Juifs venus d'autres pays, n'ont pas abandonné leurs efforts pour rejoindre Israël, en dépit des difficultés, des obstacles et des périls ; et ils n'ont pas cessé de revendiquer leur droit à une vie de dignité, de liberté et de travail honnête sur la terre de leurs ancêtres. Pendant la Seconde Guerre mondiale, la communauté juive de Palestine a apporté sa pleine contribution au combat des nations éprises de liberté contre le fléau nazi. Les sacrifices de ses soldats et son effort de guerre lui ont valu le droit de figurer parmi les nations qui ont fondé l'Organisation des Nations unies.

Le 29 novembre 1947, l'Assemblée générale des Nations unies a adopté une résolution recommandant la création d'un État juif en Palestine. L'Assemblée générale a demandé aux habitants de ce pays de prendre toutes les mesures nécessaires pour l'application de cette résolution. Cette reconnaissance par les Nations unies du droit du peuple juif à établir son État indépendant est irrévocable. C'est là le droit naturel du peuple juif de mener, comme le font toutes les autres nations, une existence indépendante dans son État souverain.

En conséquence, nous, membres du Conseil national, représentant la communauté juive de Palestine et le Mouvement sioniste mondial, sommes réunis en assemblée solennelle aujourd'hui, jour de la cessation du mandat britannique en Palestine, en vertu du droit naturel et historique du peuple juif et conformément à la résolution de l'Assemblée générale des Nations unies. Nous proclamons la création de l'État juif en Palestine qui portera le nom d'État d'Israël. Nous déclarons qu'à compter de la fin du mandat, à minuit, dans la nuit du 14 au 15 mai 1948, et jusqu'à ce que les organismes de l'État soient régulièrement élus conformément à une Constitution qui sera élaborée par une Assemblée constituante d'ici au 1er octobre 1948, le Conseil national agira en qualité de Conseil provisoire de l'État, et l'Administration nationale fera fonction de gouvernement provisoire de l'État juif, qui sera appelé Israël.

L'État d'Israël sera ouvert à l'immigration des Juifs de tous les pays où ils sont dispersés ; il veillera au développement du pays au bénéfice de tous ses habitants ; il sera fondé sur les principes de liberté, de justice et de paix ainsi que cela avait été conçu par les prophètes d'Israël ; il assurera une complète égalité sociale et politique à tous ses citoyens, sans distinction de religion, de race ou de sexe ; il garantira la liberté de culte, de conscience, d'éducation et de culture ; il assurera la protection des Lieux saints de toutes les religions, et respectera les principes de la Charte des Nations unies.

L'État d'Israël est prêt à coopérer avec les organismes et les représentants des Nations unies pour l'application de la résolution adoptée par l'Assemblée générale le 29 novembre 1947 et à prendre toutes les mesures nécessaires pour la mise en place de l'Union économique sur l'ensemble de la Palestine.

Nous demandons aux Nations unies d'aider le peuple juif à édifier son État et d'admettre Israël dans la famille des nations. Victimes d'une agression caractérisée, nous demandons cependant aux habitants arabes de l'État d'Israël de préserver les voies de la paix et de jouer leur rôle dans le développement de l'État, sur la base d'une citoyenneté pleine et égalitaire et d'une juste représentation dans tous les organismes et les institutions - provisoires et permanents - de l'État.

Nous tendons notre main en signe de paix et de bon voisinage à tous les États qui nous entourent et à leurs peuples, et nous les invitons à coopérer avec la nation juive indépendante pour le bien commun de tous. L'État d'Israël est prêt à apporter sa contribution au progrès du Proche-Orient et dans son ensemble. Nous demandons au peuple juif de par le monde de se tenir à nos côtés dans la tâche d'immigration et de développement et de nous aider dans le grand combat pour la réalisation du rêve des générations passées : la rédemption d'Israël.

Confiants en l'Éternel Tout-Puissant, nous signons cette déclaration en cette séance du Conseil provisoire de l'État, sur le sol de la patrie, dans la ville de Tel-Aviv, cette veille du shabbat, 5 Iyar 5708, 14 mai 1948.

Annexe B : Lettre dite du *statu quo*

19 juin 1947, A l'attention d'Agoudat Israël

Messieurs,

La direction de l'Agence juive a été informée par l'entremise de son Président, de votre désir d'obtenir des assurances dans les domaines du statut personnel, du Shabbat, de l'éducation et de la Cacherout, dans l'Etat juif, après sa création. La création de l'Etat nécessite l'accord de l'ONU ; cet accord ne sera pas donné si nous ne pouvons garantir la liberté de conscience à tous les citoyens et s'il n'était pas évident que nous n'envisagerons pas de créer un Etat théocratique. Dans l'Etat juif, il y aura également des citoyens non juifs, chrétiens et musulmans, et il est bien clair qu'il faut dès maintenant garantir l'égalité totale des droits à tous les citoyens et l'absence de toute contrainte et de toute discrimination, que ce soit en matière religieuse ou en tout autre domaine. Nous avons noté avec satisfaction que vous comprenez qu'aucun organisme n'est habilité à déterminer par avance la Constitution de l'Etat et que celui-ci, dans certains domaines, sera souverain pour établir sa constitution et son régime conformément aux désirs de ses citoyens.

Pourtant, la direction de l'Agence juive comprend vos demandes. Elle sait que celles-ci ne sont pas seulement les demandes d'Agoudat Israël, mais de tous les croyants de la foi d'Israël, dans le camp sioniste ou en dehors de tout parti politique. La direction de l'Agence juive comprend parfaitement votre légitime requête selon laquelle elle vous fasse connaître sa position concernant vos demandes et qu'elle vous fasse part de ce qu'elle sera disposée à faire, à la mesure de son influence, pour que ces demandes puissent être réalisées. La direction de l'Agence juive a donné pouvoir aux signataires de la présente pour formuler des réponses aux questions que vous aviez posées lors de notre conversation. Par la présente, nous vous faisons connaître la position de la direction de l'Agence juive :

(1) Shabbat : Il est évident que le jour de repos légal dans l'Etat juif sera le Shabbat, étant entendu que les chrétiens et les personnes appartenant à d'autres confessions pourront choisir leur propre jour de repos.

(2) Cacherout : Tous les efforts seront entrepris afin de garantir que, dans toute cuisine publique destinée à des Juifs, la nourriture soit casher.

(3) Statut personnel : Tous les membres de la direction sont parfaitement conscients de la gravité de la question ainsi que de ses difficultés. Tous les organes représentés par la Direction s'engagent à faire tout ce qui est possible pour satisfaire l'exigence profonde des croyants, en vue d'éviter à tout prix le malheur que constituerait la scission du peuple d'Israël en deux groupes.

(4) Education : L'autonomie complète des différents secteurs de l'enseignement est garantie (c'est d'ailleurs le système pratiqué actuellement au sein de l'Organisation sioniste et de Knesset Israël). Il n'y aura aucune atteinte de la part des autorités publiques à la foi et à la conscience religieuse d'aucun groupe en Israël. Bien entendu, l'Etat déterminera le minimum qui devra être obligatoirement enseigné : la langue hébraïque, l'histoire, les sciences, etc. L'Etat contrôlera le respect de ce minimum, mais il laissera toute latitude à chaque branche de l'enseignement pour qu'il s'administre comme il l'entend et s'abstiendra de toute atteinte à la conscience religieuse.

Au nom de la direction de l'Agence juive :

David Ben-Gourion, Itzhak Greenbaum, Le rabbin I.L. Fishman.

Index

A
Admor, 26, 29, 93
Agoudat Israël, 24, 29, 51, 56
Alyah, 19, 70
Ashkénaze, 20, 21, 25, 35, 43, 52, 86
Avoda zara, 52

B
Bagatz, 74
Belz, 85, 93
Bné Brak, 31, 42, 61, 66

C
Conservateurs, voir Judaïsme, néo-orthodoxe

D
Dati, 33
Dati-leoumi, 36, 43
Degel haTorah, parti, 31, 32, 52
Diaspora, 23

E
Edah Haredit, 31, 71
Eliezer, Israël ben, 26
Eretz Israël, 34, 54, 95

F
Falashas, 84–86

G
Ghetto, 41
Gour, 82
Goush Emounim, 53

H
Haan, Jacob Israël, 94
Habad, 52, voir Hassidim, Loubavicth
Habayit Hayehudi, 53
Haganah, 94
Halakha, 22, 37, 40, 86
Haloukah, 20
Haskala, 18, 19
Hassidim, 24–26, 82
  Belz, 31
  Gour, 29
  Loubavitch, 24, 28, 29, 32, 59, 82, 92
Hesder, 37
Hirsch, Samson, 23, 24, 33, 81
Hofchim, 56

I
Israël Beytenou, 72

J
Judaïsme
  libéral, 18, 21
  massorétique, 21–23
  néo-orthodoxe, 21, 23, 24, 33

K
Kadima, parti, 74
Kibboutz, 13, 34, 40, 41, 52
Kirouv, 30, 83
Knesset, 65, 82, 89, 93, 101
Kollel, 57
Kook, Isaac, 35, 37, 89, 92

Kramer, Eliyahou, 26

L
Likoud, 92, 93
Lituanien, 21, 83
Livni, Tipzi, 74
Loubavitch, 21, 29, 52, voir Hassidim

M
Maskilim, 18
Meimad, 91
Milhemet ahim, 64
Mitnagdim, 25, 26
  Schach, 31
  Yosef, 32
Mitzvot, 23, 42, 54
Mizrahi, parti, 35
  Bnei Akiva, 35
  Hapoel HaMizrahi, 35
Moshav, 52

N
Netourei Karta, 34, 67, 95
Netzer Yehouda, 98
Nitsim, 91

O
Olim, 42
Orthodoxie moderne, voir Judaïsme, néo-orthodoxe

R
Rokeah, rav, 31

S
Schach, rav, 31, 52, 83, 93
Schneerson, rav, 30, 59, 83, 92, 95
Séfarade, 20, 21, 25, 42, 53, 84
Serment, triple, 33, 90
Shabbat, 36
Shass, parti, 32, 33, 70, 84
Sionisme, 33-36
  Néo-sionisme, 36
  Sionisme religieux, 34-36
Slutzk, rabbin, 81

T
Tau, Zvi Israël, 37
Tsahal, 54, 93, 94

Y
Yahadut Hatorah, 53
Yated Neeman, 84
Yehiva, 31
Yeridah, 70
Yeshiva, 23, 24, 27, 29, 37, 39, 40, 43, 54, 81
  Yeshiva hesder, 37
Yishouv
  ancien, 20, 34
Yonim, 91
Yosef, rav, 32, 53, 84, 86, 93, 105

Glossaire de l'ultra-orthodoxie

Agoudath Israël	Association d'Israël. Parti politique religieux fondé en 1912, ultra-orthodoxe à majorité hassidique.
Alyah	Ascension, montée (Alyoth au pluriel) Le fait pour un Juif d'immigrer en Terre Sainte. Par extension, le terme désigne des périodes d'immigration particulièrement intenses.
Avoda Zara	Culte des idoles. Terme méprisant parfois utilisé par les haredim pour désigner l'attachement à l'Etat d'Israël.
Baalei teshouva	Ceux qui reviennent Personnes élevées dans le judaïsme orthodoxe qui, après s'en être éloignées, se repentent de leurs fautes et réintègrent la communauté.
Bnei Akiva	Voir Mizrahi.
Dati	Croyant. Terme qui désigne, en Israël, les juifs pratiquants. Il englobe les mouvements orthodoxes, néo orthodoxes, et sionistes religieux.
Degel HaTorah	Drapeau de la Torah. Parti politique qui représente l'aile lituanienne des haredim mitnagdim.

Edah Haredit	Communauté des craignants-Dieu. Fédération assez lâche des principaux groupes ultra-orthodoxes antisionistes, centrés sur leur guide spirituel. Ce mouvement s'est séparé du parti Agoudat Israël en 1937, après la décision de celui-ci de coopérer avec Israël. La majorité des membres d'Edah Haredit sont issus de l'ancien Yishouv.
Eretz Israël	Terre d'Israël. Terme biblique qui correspond au territoire de la Terre Promise. Bien que cela ne soit pas les frontières actuelles de l'Etat d'Israël, le terme apparaît fréquemment dans le débat politique. Il a été utilisé par les pères fondateurs d'Israël.
Galout	Exil.
Gour	Dynastie hassidique originaire de Gour, du nom yiddish de la petite ville polonaise Gora Kalwaria.
Goush Emounim	Bloc de la Foi. Groupe qui a surgi à la suite de la victoire de la guerre des Six Jours en 1967 mais qui ne fut officiellement fondé qu'en 1974. Il défend l'implantation juive en Judée-Samarie et à Gaza.
Haganah	Défense. Groupe d'auto-défense qui deviendra l'armée d'Israël, Tsahal.
Halakha	Loi. Ensemble des prescriptions religieuses tirées de la loi mosaïque, qui règlent la pratique religieuse et la vie quotidienne des Juifs orthodoxes.

Glossaire de l'ultra-orthodoxie 123

Halouka	L'aide financière envoyée par la diaspora aux Juifs vivant en Israël, notamment aux communautés de l'ancien Yishouv.
Hapoel HaMizrahi	Voir Mizrahi.
Hardalim	Courant ultra-orthodoxe et ultra-nationaliste, néoreligieux nationaux. Slogan : Terre d'Israël, Peuple d'Israël, Torah d'Israël
Haskala	Les Lumières juives. Courant de pensée rationnaliste apparu en Allemagne aux XVIIIe et XIXe siècles. Souvent comparé à l'Aufklärung allemand, il en est pour une large part tributaire.
Hassidim	Apparu en Europe orientale vers le milieu du XVIIe siècle, le courant hassidique s'est historiquement opposé, au sein du monde haredi, au courant mitnagdim, plus intellectuel et légaliste. Le courant hassidim, plus porté sur la mystique juive (Kabbale), est centré sur des chefs religieux héréditaires, souvent charismatiques à la limite du messianisme, Admorim et Rebbe. De nos jours, l'opposition entre hassidim et mitnagdim, quoique atténuée, continue à s'exprimer dans le champ politique. Les plus connus des hassidim sont sans doute les hassidim loubavitch.
Hilonim	Séculiers. Nom que se donnent les Juifs laïques en Israël, par rapport aux massortim. Ce sont principalement des Juifs occidentaux. Leur pratique religieuse ne va généralement pas au-delà des fêtes principales, et ils peuvent appartenir à tout le spectre politique.

Hofchim	Homme nouveau. Idéal sioniste de l'homme juif libre travaillant la terre d'Israël, le plus souvent laïque.
Kessim	Rabbin falasha.
Kibboutz	Assemblée Communauté de villages d'inspiration socialiste collectiviste. Fondées à partir des années 1910 en Israël par le mouvement sioniste.
Kollel	Centre d'études poussées de la Torah pour les jeunes hommes mariés.
Kulturkampf	Combat pour la Civilisation. Référence au conflit qui opposa le Chancelier Otto von Bismarck à l'Eglise catholique romaine en Allemagne entre 1871 et 1880. Par extension, une forme développée de lutte entre l'Etat et les institutions religieuses.
LDJ	Ligue de Défense Juive (JDL en anglais) Mouvement néosioniste, parfois classé parmi les mouvements d'extrême-droite terroristes. Proche du parti Kach, la LDJ est présente internationalement.
Likoud	Parti politique sioniste, créé en 1973. D'inspiration nationaliste, ses membres appartiennent aussi bien à la droite conservatrice que libérale. Il participe à tous les gouvernements de 1977 à 2005.
Loubavitch	Aussi appelé Habad. Dynastie hassidique fondée au XVIIIe siècle, originairement en Biélorussie, dont le centre d'influence s'est déplacé aux Etats-Unis. Développé depuis sous la conduite de rabbins héréditaires,

c'est un des mouvements orthodoxes les plus importants au monde.

Maskilim	Promoteurs du mouvement Haskala.
Massorti	Tradition. Ce mouvement, à rapprocher des courants néo-orthodoxes, accepte les éléments de la modernité mais cherche dans le même temps à maintenir un mode de culte traditionnel et l'observance stricte de la halakha.
Massortim	Traditionnels. Nom que se donnent les Juifs observants en Israël, par rapport aux hilonim. Ce sont principalement des Juifs orientaux. A ne pas confondre avec le mouvement Massorti.
Milhemet ahem	Guerre des frères. Guerre civile, une perspective redoutée par-dessus tout par tout Juif.
Mishtantim	Ceux qui fuient. Les objecteurs de conscience, qui fuient le service militaire de trois ans.
Mitgnadim	Opposants. Opposés au courant hassidique, les tenants du courant mitgnadi, qui fait partie du monde ultra-orthodoxe, sont partisans d'un judaïsme intellectuel et fondé sur le Talmud et le système dialectique de la pilpoul.
Mitzvot	Commandements Les mitzvot sont les commandements de la loi mosaïque, d'origine divine pour les Juifs croyants. On en recense 613 dans la Torah, qui sont observés plus ou moins strictement, selon le degré de pratique et d'orthodoxie d'une communauté.

De nos jours, le respect de certains mitzvot, comme ceux concernant les interdits alimentaires ou le repos sabbatique, est au coeur de débats agitant l'espace public en Israël.

Mizrahi   Organisation sioniste religieuse fondée en 1901 à Vilnius. Cette organisation comprend une branche de jeunesse, Bnei Akiva, fondée en 1929. Pour cette organisation, la Torah doit être au cœur du projet sioniste, qui lui-même doit servir des buts religieux.

Moshav   Village.
Implantation israélienne d'une communauté agricole de la seconde vague d'immigration juive du XXe siècle. Le moshav est similaire au kibboutz mais insiste davantage sur la vie communautaire. Ses résidents sont les moshavnik.

Netourei Karta   Gardiens de la cité
Groupe ultra-orthodoxe, farouchement antisioniste, qui prône le démantèlement de l'Etat d'Israël. Ouvertement pro-palestiniens, et défrayant régulièrement la chronique par leurs provocations (dont la participation à la fameuse conférence de Téhéran en 2006), ils sont considérés comme incontrôlables même au sein d'Edah Haredit.

Nitsim   Colombes, en politique étrangère.

Néo-sionisme   Courant de droite, ultra-nationaliste et religieux, apparu après la guerre des Six Jours, insiste sur le respect des valeurs judaïques traditionnelles et sur l'alliance avec les courants orthodoxes. Il s'oppose directement au courant post-sioniste.

Glossaire de l'ultra-orthodoxie 127

Olim	Les Juifs qui ont immigré en Israël, accomplissant l'alyah.

Post-sionisme — Courant apparu dans les années 1980-90 en Israël, pour lequel le sionisme aurait rempli son rôle en permettant la création de l'Etat d'Israël et serait maintenant dépassé comme idéologie. Ce courant est sévèrement critiqué par les sionistes, les néo-sionistes, mais aussi les ultra-religieux qui accusent ses tenants de modernisme.

Reconstructionnisme — Mouvement du judaïsme libéral, apparu dans les années 1920, qui considère le judaïsme comme l'expression, en construction constante, de la culture religieuse juive, et non pas comme un dépôt fixé.

RZA — Religious Zionists of America. Branche américaine du mouvement mizrahi, qui a beaucoup participé à l'élaboration du corpus théorique du judaïsme néo-orthodoxe. Cette organisation est également un puissant lobby et fund-raiser sioniste.

Shass, parti — Parti des Séfarades Orthodoxes pour la Torah. Parti religieux séfarade ultra-orthodoxe, créé en 1984, qui a fondé son programme principalement sur des mesures sociales. Il n'accepte pas le principe d'un Etat laïque en Israël, sans pour autant appeler à une théocratie. Historiquement antisioniste, le parti Shass adhère pourtant depuis 2010 à l'Organisation Sioniste Mondiale.

Tikva — Espérance.
Hymne national israélien.

Vishnitz — Dynastie hassidique fondée par le rabbin Menachem Mendel Hager, du village Vishnitzia en

Ukraine.

Yeridah
Descente.
Désigne l'émigration du peuple juif de la terre d'Israël. Ce terme s'oppose à l'aliyah.

Yeshiva
Yeshivot au pluriel.
Une école rabbinique dans laquelle est dispensée un enseignement quasi exclusivement tourné vers la Torah. Les élèves des yeshivot, tous des hommes, sont d'âge variable, les plus doués pouvant consacrer leur vie à l'étude des textes sacrés du judaïsme.

Yishouv
Implantation
Désigne les juifs établis en Palestine avant la création de l'Etat d'Israël.
On distingue l'ancien Yishouv, les juifs établis avant 1880 et le nouveau Yishouv, établis à partir de 1880, dans le cadre du projet sioniste.

Yishouv (ancien)
L'ancien Yishouv (Yishouv haYashan) comprend les juifs qui vivaient en Palestine avant l'aliyah de 1882. Environ 25 000, ils étaient pour la plupart des haredim, et se sont montrés fortement hostiles au sionisme. La plupart des membres de l'actuel Edah Haredit en sont issus.

Yonim
Faucons, en politique étrangère.

Bibliographie raisonnée

Livres

ATTALI, JACQUES : *Dictionnaire amoureux du judaïsme*. Plon, Fayard, 2009.

BARNAVI, ELIE : *Une histoire moderne d'Israël*. Flammarion, 1988.

BENSIMON, DORIS : *Religion et Etat en Israël*. L'Harmattan, 1992.

DELISLE, GUY : *Chroniques de Jérusalem*. Shampooing, 2011.

DIECKHOFF, ALAIN, DIR. : *Israël, de Moïse aux accords d'Oslo*. Points Histoire, 1998.

ELAZAR, D. J. : *Community and Polity : The organisational dynamics of American Jewry*. Jewish Publication Society, 1976.

ENCEL, FRÉDÉRIC ; THUAL, FRANÇOIS : *Géopolitique d'Israël*. Points, 2006.

ENCEL, FRÉDÉRIC : *Le Moyen-Orient entre guerre et paix, une géopolitique du Golan*. Champs Flammarion, 2001.

ENCEL, FRÉDÉRIC : *Géopolitique du sionisme*. Armand Colin, 2007.

ENCEL, FRÉDÉRIC : *Atlas géopolitique d'Israël; Aspects d'une démocratie en guerre*. Editions Autrement, 2008.

ENCEL, FRÉDÉRIC : *Géopolitique de Jérusalem*. Flammarion, 2008.

EPELBAUM, DIDIER : *Le troisième temple - Israël de l'utopie à l'histoire*. Hachette, 1985.

Finkielkraut, Alain : *Le juif imaginaire*. Points Essais, 1983.

Frederick, Emile : *Religion Today*. Associated Press, 2007.

Gorenberg, Gershom : *The unmaking of Israël*. Harper, 2011.

Greilsammer, Ilan : *Israël, les hommes en noir. Essai sur les partis ultra-orthodoxes*. Presses de la Fondation nationales des sciences politiques, 1991.

Greilsammer, Ilan : *La nouvelle histoire d'Israël. Essai sur une identité nationale*. Gallimard, 1998.

Katz, Jacob : *Hors du ghetto, l'émancipation des Juifs en Europe (1770-1870)*. Hachette, 1984.

Nakdimon, Shlomo ; Mayzlish, Shaul : *De Haan : le premier assassinat politique en Palestine*. Modan Press, 1985.

Paul, André : *Massada, enquête sur un suicide collectif*. Points Histoire, 1998.

Sand, Shlomo : *Comment le peuple juif fut inventé*. Fayard, 2008.

Wigoder, Geoffrey ; Goldberg, Sylvie Anne : *Dictionnaire encyclopédique du judaïsme*. Cerf-Robert Laffont, 1996.

Publications scientifiques

Abitbol, Michel : *Démocratie et religion en Israël*. Cités, 4(12) :15–32, 2002.

Benbassa, Esther : *Les Juifs, plus qu'une religion, moins qu'un peuple ?* Le Débat, 1(158) :147–151, 2010.

Chabin, Michele : *Open on shabbat : government's desinterest in Shabbat inspection od businesses underscore waning Orthodox power*. The Jewish Week, 2003.

Charbit, Denis : *Sionisme singulier, sionismes pluriels : unité et controverses dans l'histoire moderne d'Israël*. Mouvements, 3(33-34) :13–22, 2004.

CHARBIT, DENIS : *La cause laïque en Israël est-elle perdue ?* Critique internationale, 3(44) :65–80, 2009.

CHARBIT, DENIS : *L'excès et le flou.* Le Débat, 1(158) :151–161, 2010.

CHARBIT, DENIS : *Le sionisme, un projet de gauche ou de droite ?* Cités, 3(47-48) :115–140, 2011.

CHEMTOB, VICTOR ; PRINCE, DAVID ; TAL EHUD : *Anti-Zionist Neturei Karta Sect Received Funds from Arafat.* Israël Ministry of Foreign Affairs, Avril, 2009.

ENCEL, FRÉDÉRIC : *L'évolution spatitale des Juifs orthodoxes à Jérusalem et en Cisjordanie : simple extension démographique ou réelle stratégie territoriale ?* Hérodote, 3(130) :43–58, 2008.

HADAS-LEBEL, MIREILLE : *Jacob et Esaü ou Israël et Rome dans le Talmud et le Midrash.* Revue de l'histoire des religions, I(4) :369–392, 1984.

HALÉVI, RAN : *Israël entre nation et religion.* Le Débat, 2(144) :112–128, 2007.

HALÉVI, RAN : *Israël : imbroglio démocratique, paix introuvable.* Le Débat,1(158) :125–145, 2010.

HAYOUN, MAURICE-RUBEN : *Réflexions sur l'identité juive.* Le Débat, 1(158) :161–171, 2010.

HECKER, MARC : *Les déterminants du poids des partis religieux en Israël.* Confluences Méditerranée, (57) :177–190, 2006.

JUDT, TONY : *Israël et les juifs.* Le Débat, 1(158) :172–176, 2010.

KRATZOKIN, AMNON RAZ ; BEN-DOR, ZVI : *Les partis religieux en Israël.* Revue d'études palestiniennes, (9), 1996.

LIEBMAN, CHARLES : *Extremism as a Religious Norm.* Journal of the Scientific Study of Religion, (22(1)) :75–86, 1983.

MIKAÏL, BARAH : *L'intégrisme juif et la colonisation dans les territoires palestiniens occupés.* Revue internationale et stratégique, 1(57) :93–102, 2005.

Rabkin, Yakov : *L'opposition juive au sionisme*. Revue internationale et stratégique, 4(56) :17–23, 2004.

Salenson, Irène : *Jérusalem, entre attraction et répulsion*. Echo Géo, (9), mars-mai 2009.

Sand, Shlomo ; Ksikes, Driss : *Les Israéliens croient aux mythes préfabriqués*. La pensée de midi, 1(30) :125–134, 2010.

Sartre, Maurice : *A-t-on inventé le peuple juif ?* Le Débat, 1(158) :177–184, 2010.

Articles de périodiques

Bronner, Ethan : *Israeli court invalidates a military exemption*, The New York Times, Février 2012.

Hasson, Nir : *Rising Haredi population puts a Jerusalem scout den in the crossfire*, Haaretz, 26 février 2012.

Henry, Marc : *Les larmes d'une fillette bouleversent Israël*, Le Figaro International, 28 décembre 2011.

Jacobovitz, Emmanuel, Jerusalem Post, 2 octobre 1983.

Wagner, Matthew : *Haredim, une unité de façade*, Jerusalem Post, 2009.

Hausse de l'immigration en Israël, le Figaro, 5 septembre 2010.

Une manifestation de juifs ultra-orthodoxes choque Israël, Le Monde, janvier 2012.

Les Falashas Mouras, Shalom Magazine, printemps 2004.

Israël, menacé par le spectre de la théocratie, Le Point, 7 juillet 2007.

Articles en ligne

Attention, ces articles sont souvent partisans et donnés ici à titre d'information.

PM Distances Himself from Rabbi Yossef Plague Comments. Article en ligne sur le site Jerusalem Post, août 2010.

La loi "Tal" va-t-elle être remise en cause ? Article en ligne sur le site Chiourim, février 2012.

Les allocations des haredim en danger. Article en ligne sur le site Chiourim, février 2012.

La contestation sociale se durcit en Israël. Article en ligne sur le site Euronews, juillet 2011.

Police arrest Women of the Wall leader for praying with Torah scroll. Article en ligne sur le site Haaretz, juillet 2012.

Historique, manifestation des "indignés" en Israël. Article en ligne sur le site Euronews, septembre 2011.

BREAKSTONE, DAVID : *Zionism isn't what it used to be.* Article en ligne sur le site Jerusalem Post, Juin 2009.

CAMUS, JEAN-YVES : *Un conflit instrumentalisé par les communautarismes.* Article en ligne sur le site Fragment sur les Temps Présents, juillet 2010.

CHABIN, MICHELE : *Israel to allow civil marriage.* Article en ligne sur le site Huffington Post, mai 2011.

GALAHAR, ARI : *MK wants Netourei Karta classified as terrorists.* Article en ligne sur Y Net News, mars 2010.

GORENBERG, GERSHOM : *Letter from Jerusalem : learning curve.* Article en ligne sur le site Hadassah Magazine, janvier 2010.

GUR, HAVIV RETTIG : *Consternation surronds Shas joining Zionist group.* Article en ligne sur le site Jerusalem Post, mai 2010.

HAARETZ : *Anti-Zionist Jews meet with hamas leader in Gaza.* Article en ligne sur le site Haaretz, 2009.

HOFFMAN, GIL : *Haredim rethinking partnership with Right.* Article en ligne sur le site Jerusalem Post, décembre 2011.

MAGID, SHAUL : *Is there an Orthodox war against modern Orthodoxy ?* Article en ligne sur le site New Vilna Review, juin 2008.

NAHSHONI, KOBI : *El Al to launch kosher flights for haredim.* Article en ligne sur le site Internet YNet News, Décembre 2012.

NAHSHONI, KOBI : *Haredim step up war on "taliban women".* Article en ligne sur le site Internet YNet News, novembre 2011.

RABIN, OMER : *Revenue or Reputation : El Al again faces Shabbat dilemma.* Article en ligne sur le site Jerusalem Post, février 2011.

RABINOVITCH, GISÈLE : *Israël : le gouvernement promet de lutter contre les haredim irrespectueux.* Article en ligne sur JSS News, décembre 2011.

SCHACH, RAV. Article dans le journal Yated Neeman, décembre 1989.

STAFF, JERUSALEM POST : *Liyni warns against rising influence of haredi sector.* Article en ligne sur le site Jerusalem Post, janvier 2011.

WOHLGERENTER, ELI : *Haredi population in Jerusalem not likely to take over, study says.* Article en ligne sur le site Jerusalem Post, Janvier 1993.

Sites Internet

Site Israël-Valley, de la chambre de commerce franco-israélienne.
http ://www.israelvalley.com/news/.

Site de l'association "Women of the Wall".
http ://womenofthewall.org.il/.

Site Internet Cleiss : Article Israël. http ://www.cleiss.fr/.

Site Internet de la Knesset. http ://www.knesset.gov.il.

Site Internet de l'Association for civil rights in Israël.
http ://www.acri.org.il/en/.

Site Internet Face Glat. http ://www.faceglat.com/.

Site Internet Haaretz. http ://www.haaretz.com/.

Site Internet Jerusalem Post. http ://www.jpost.com/.

Site Internet YNet News. http ://www.ynetnews.com/.

Remerciements

Nous souhaitons tout d'abord remercier M. le Professeur Pascal Chaigneau, notre directeur de Mastère, pour sa disponibilité et sa remarquable érudition.

Nous souhaitons remercier ensuite M. le Professeur Frédéric Encel, spécialiste bien connu des questions qu'aborde, modestement, ce travail, qu'il a accepté de préfacer. Frédéric Encel a bien voulu nous éclairer sur de nombreux points et en corriger de plus nombreux encore.

Nous remercions également M. Katz, professeur à HEC, qui nous a aidé à collecter des témoignages de première main sur ce sujet.

Enfin, nous remercions Maître Caulier, professeur à HEC, pour ses précieux conseils touchant la publication de ce mémoire.

Table des figures

1.3.1	Les courants du judaïsme contemporain	22
1.3.2	Le courant *haredi* dans le judaïsme contemporain	23
2.1.1	Les courants *hassidim* et *mitnagdim*	27
2.2.1	Les principales dynasties *haredim*, acteurs d'importance majeure	28
2.3.1	Matrice sionisme/ultra-orthodoxie des courants de la galaxie orthodoxe	35
2.3.2	Les courants sionistes religieux	36
4.2.1	La composition actuelle de la Knesset	51
9.2.1	Le taux de pauvreté dans les familles israéliennes	100

Table des matières

Sommaire   5
Préface de F. Encel   7
Notes et avertissements   10

La société israélienne au risque de l'ultra-orthodoxie   11

PARTIE 1. L'ULTRA-ORTHODOXIE JUIVE, UNE FRACTURE AU SEIN DE LA SOCIÉTÉ ISRAÉLIENNE   15

Chapitre 1. L'ultra-orthodoxie juive, complexe et fragmentée   17

    1.1. Racines et fondements de l'orthodoxie juive   18
    1.2. L'apparition des mouvements *haredim* en Israël   20
    1.3. Les mouvements ultra-orthodoxes dans le judaïsme contemporain   21

Chapitre 2. Essai de typologie des principaux courants de l'ultra-orthodoxie   25

    2.1. Les courants ultra-orthodoxes *haredim*   25
    2.2. Les différentes communautés *haredim* et les structures de pouvoir   27
    2.3. Les ultra-orthodoxes et le sionisme   33

Chapitre 3. Une composante importante de la société
israélienne contemporaine — 39

    3.1. Principes constitutifs des communautés ultra-
orthodoxes — 39
    3.2. Les ultra-orthodoxes, une société dans la société — 41
    3.3. Les mouvements ultra-orthodoxes exacerbent les
tensions sociales préexistantes — 43

PARTIE 2. L'INFLUENCE DU PHÉNOMÈNE ULTRA-ORTHODOXE
DANS LA POLITIQUE INTÉRIEURE ISRAÉLIENNE NE CESSE DE
CROÎTRE — 45

Chapitre 4. Les partis politiques ultra-orthodoxes, des
partenaires indispensables des coalitions parlementaires — 47

    4.1. Les partis *haredim*, des acteurs à part entière du
système politique israélien — 47
    4.2. Les principaux partis politiques *haredim*
revendiquent l'application des principes de la
Torah en terre d'Israël — 50
    4.3. Les partis *haredim* sont convoités et analysent
pragmatiquement l'échiquier politique — 56

Chapitre 5. Des tensions croissantes entre *haredim*
et laïques — 61

    5.1. Une coupure complexe et sélective avec la
société israélienne — 61
    5.2. Au quotidien, les différences entre *haredim* et
laïques se soldent parfois par des réactions de
violence — 62
    5.3. L'anti-fondamentalisme *haredi*, illustration de la

montée des tensions entre laïques et
ultra-orthodoxes   64

Chapitre 6. Les *haredim*, un péril pour la cohésion de
l'Etat d'Israël ?   69

   6.1. Explosion démographique et "renouveau du
      religieux" : deux facteurs de puissance *haredim*   69
   6.2. Nombreux, les *haredim* souffrent d'un
      manque d'unité   71
   6.3. La communauté ultra-orthodoxe, régulièrement
      instrumentalisée   73

PARTIE 3. LES HAREDIM, UNE MENACE POUR LA POLITIQUE
EXTÉRIEURE ?   77

Chapitre 7. Quelles relations entre les diasporas et le
phénomène ultra- orthodoxe ?   79

   7.1. L'influence de la diaspora américaine dans
      les affaires israéliennes et leur perception
      par les *haredim*   80
   7.2. Les cinq figures de l'orthodoxie juive dans le
      monde et leur influence   82
   7.3. La question des Falashas : discorde sur la question
      du *Qui est Juif* ?   85

Chapitre 8. Les relations de voisinage d'Israël :
l'influence des *haredim* en politique extérieure   89

   8.1. Le désintérêt des ultra-religieux face aux affaires
      du monde   89
   8.2. Colombes contre faucons   91

Chapitre 9. L'avenir des *haredim*, représentation et
projection   97

    9.1. L'image d'Israël sur la scène internationale est
        altérée, les *haredim* l'aggravent   97
    9.2. Les *haredim* menacent-ils potentiellement
        Israël ?   99

Conclusion   103
Liste des ouvrages cités   107
Annexes   111

Index   119
Glossaire de l'ultra-orthodoxie   121
Bibliographie raisonnée   129
Remerciements   137
Table des figures   139

L'HARMATTAN, ITALIA
Via Degli Artisti 15; 10124 Torino

L'HARMATTAN HONGRIE
Könyvesbolt ; Kossuth L. u. 14-16
1053 Budapest

ESPACE L'HARMATTAN KINSHASA
Faculté des Sciences sociales,
politiques et administratives
BP243, KIN XI
Université de Kinshasa

L'HARMATTAN CONGO
67, av. E. P. Lumumba
Bât. – Congo Pharmacie (Bib. Nat.)
BP2874 Brazzaville
harmattan.congo@yahoo.fr

L'HARMATTAN GUINÉE
Almamya Rue KA 028, en face du restaurant Le Cèdre
OKB agency BP 3470 Conakry
(00224) 60 20 85 08
harmattanguinee@yahoo.fr

L'HARMATTAN CAMEROUN
BP 11486
Face à la SNI, immeuble Don Bosco
Yaoundé
(00237) 99 76 61 66
harmattancam@yahoo.fr

L'HARMATTAN CÔTE D'IVOIRE
Résidence Karl / cité des arts
Abidjan-Cocody 03 BP 1588 Abidjan 03
(00225) 05 77 87 31
etien_nda@yahoo.fr

L'HARMATTAN MAURITANIE
Espace El Kettab du livre francophone
N° 472 avenue du Palais des Congrès
BP 316 Nouakchott
(00222) 63 25 980

L'HARMATTAN SÉNÉGAL
« Villa Rose », rue de Diourbel X G, Point E
BP 45034 Dakar FANN
(00221) 33 825 98 58 / 77 242 25 08
senharmattan@gmail.com

L'HARMATTAN TOGO
1771, Bd du 13 janvier
BP 414 Lomé
Tél : 00 228 2201792
gerry@taama.net

Achevé d'imprimer par Corlet Numérique - 14110 Condé-sur-Noireau
N° d'Imprimeur : 94295 - Dépôt légal : janvier 2013 - *Imprimé en France*